全球视野下的学校体育
——金砖五国

安亚伦　王雪双　蔡　娟　著

北京交通大学出版社
·北京·

内 容 简 介

学校体育的发展与学生的身体健康和国家的体育实力密切相关。比较和借鉴的发展经验贯穿我国学校体育百余年的发展进程之中。我国正处于加速建设体育强国的关键时期，探究各国学校体育的发展，从整体上把握其发展特征与趋势，有助于更好地理解全球学校体育的发展，助力我国学校体育的高质量发展。

金砖国家（BRICS）作为百年变局条件下新兴经济体和发展中大国的代表，其在学校体育领域的发展值得关注。本书选取金砖国家的学校体育作为样本，并从学校体育的产生与发展，学校体育的结构、功能与目标，体育教学，体育课程，体育教师，学校课外体育，学校体育管理及五个国家学校体育相关特色等八个方面进行了梳理总结，以期丰富学校体育领域的学习和研究资源，为教师和研究人员提供重要的参考，成为学校体育学科人才培养的重要教材。

图书在版编目（CIP）数据

全球视野下的学校体育 ： 金砖五国 / 安亚伦，王雪双，蔡娟著. -- 北京 ： 北京交通大学出版社，2024. 11. -- ISBN 978-7-5121-5417-9

Ⅰ. G807.01

中国国家版本馆 CIP 数据核字第 2024YF3166 号

全球视野下的学校体育——金砖五国
QUANQIU SHIYE XIADE XUEXIAO TIYU——JINZHUAN WU GUO

责任编辑：赵彩云
出版发行：北京交通大学出版社　　电话：010-51686414　　http://www.bjtup.com.cn
地　　址：北京市海淀区高梁桥斜街 44 号　　邮编：100044
印 刷 者：北京虎彩文化传播有限公司
经　　销：全国新华书店
开　　本：170 mm×235 mm　　印张：12.25　　字数：226 千字
版 印 次：2024 年 11 月第 1 版　　2024 年 11 月第 1 次印刷
定　　价：49.00 元

本书如有质量问题，请向北京交通大学出版社质监组反映。对您的意见和批评，我们表示欢迎和感谢。
投诉电话：010-51686043，51686008；传真：010-62225406；E-mail：press@bjtu.edu.cn。

前 言

党的十八大以来，以习近平同志为核心的党中央高度重视学校体育工作，学校体育自此迈入了新的发展阶段。2012 年，国务院办公厅转发教育部等部门《关于进一步加强学校体育工作若干意见的通知》，要求充分认识加强学校体育的重要性，明确加强学校体育的总体思路和主要目标，建立健全学校体育的监测评价机制，加强对学校体育的组织领导。十年间，随着学校体育相关政策文件的相继出台，学校体育工作取得了重要突破和进展，同时也迎来了新的发展使命。2020 年，中共中央办公厅、国务院办公厅印发了《关于全面加强和改进新时代学校体育工作的意见》，指出当前学校体育的主要目标是到 2022 年，配齐配强体育教师，开齐开足体育课，办学条件全面改善，学校体育工作制度机制更加健全，教学、训练、竞赛体系普遍建立，教育教学质量全面提高，育人成效显著增强，学生身体素质和综合素养明显提升。到 2035 年，多样化、现代化、高质量的学校体育体系基本形成。

健康是社会经济发展的前提，是促进人的全面发展的自然要素，是国家富强的重要标志。新中国成立以来，学校体育始终秉持“健康第一”理念，实现“立德树人”的根本任务。学校体育被公认是帮助学生了解身体活动益处、掌握基本运动技能与健康知识、养成良好运动习惯、健全学生人格和锤炼学生意志的最佳途径。随着学生身体素质的下降与健康问题的频发，世界各国学者和体育教师都在不断呼吁推动学校体育的发展、提升学校体育的质量，以增强学生体质、促进学生身心健康发展。

比较和借鉴的发展经验贯穿我国学校体育百余年的发展进程之中。我国正处于加速建设体育强国的关键时期，探究各国学校体育的发展，从整体上把握其发展特征与趋势，有助于更好地理解全球学校体育的发展，助力我国学校体育的高质量发展。金砖国家（BRICS）作为百年变局条件下新兴经济体和发展中大国的代表，其在学校体育领域的发展值得关注。本书选取金砖五国的学校体育作为样本，并从学校体育的产生与发展，学校体育的结构、功能与目标，体育教学，体育课程，体育教师，学校课外体育，学校体育管理及五个国家学校体育相关特色等八个方面进行了梳理总结，以期丰富学校体育领域的学习和研究资源，为学校体育学科人才培养提供重要教材，为教师和研究人员提供重要的参考书目。

本次呈现给大家的这本教材《全球视野下的学校体育——金砖五国》，是北京体育大学中外学校体育比较研究团队近期科研工作的阶段性成果。教材的整体框架由北京体育大学教育学院安亚伦、蔡娟和王雪双设计，但该教材是团队合作的结晶。第一章“学校体育在巴西”由北京体育大学国际体育组织学院（外国语学院）吉昊天撰写，第二章“学校体育在俄罗斯”由北京体育大学教育学院刘津撰写，第三章“学校体育在印度”由北京体育大学竞技体育学院刘绘春、上海师范大学金章熠撰写，第四章“学校体育在中国”由北京体育大学竞技体育学院徐嘉蔚撰写，第五章“学校体育在南非”由北京体育大学教育学院杨洁撰写，最后由安亚伦、刘喆、丰华文、蔡娟、王雪双统稿。在此，谨对他们参与教材撰写所做出的贡献表示衷心的感谢。

受政治、经济、社会、文化等因素的影响，各国的学校体育发展模式不尽相同，全面、准确、客观地阐述各国的学校体育发展实非易事，我们也只是从国别的角度做了一些初步的尝试。由于水平有限，我们深知本教材还有很多缺陷和问题，希望专家、学者和读者提出批评建议。在研究和撰写过程中，我们参考了学校体育领域内国内外诸多成果，未能一一列出，敬请谅解。在教材出版过程中，北京交通大学出版社赵彩云编辑付出了艰辛的努力，在此表示衷心的感谢！

北京体育大学教育学院　安亚伦

2024 年 6 月 6 日

目　录

第一章　学校体育在巴西

第一节　学校体育的产生与发展

巴西的体育发展史最早可以追溯到殖民地时期（1500—1822 年），土著居民和黑人奴隶是这一时期体育活动的主要参与者。此后，随着国家的独立和社会的进步，出现了真正意义上的学校体育。巴西的学校体育跨越了帝国时期与共和国时期，其指导思想主要经历了“卫生体育”“军国体育”“教育型体育”“竞技型体育”“大众体育”五个阶段。本节聚焦学校体育的产生与发展，按照时间顺序梳理了巴西学校体育的历史沿革与其思想变迁。现简介如下。

一、学校体育的历史沿革

巴西的学校体育始于巴西帝国时期，具体可以划分为四个历史阶段：帝国时期（1822—1888 年）、共和国初期（1889—1945 年）、二战之后（1946—1979 年）、20 世纪 80 年代至今（1980 年至今）。

（一）巴西帝国时期的学校体育（1822—1888 年）

虽然没有正式规定，但学界普遍认为巴西的学校体育始于巴西帝国时期，当时出现了第一份关于健康教育的文件。1823 年，医学会成员若阿金・塞尔帕编写了《少儿身心健康教育规定》，提出教育需要涵盖身体健康教育和心理健康教育两个方面，体育锻炼可以分为身体锻炼和记忆锻炼，身体健康教育和心理健康教育是不可分割的统一体。[①]1851 年，政治家科托·费拉兹进行教育改革，鼓励巴西学校开设体操课程。1882 年，著名法学家鲁伊·巴博萨发表了关于教育改革的意见，指出体操课对于巴西儿童及青少年教育的重要意义，介绍了当时发达国家的学校体育现状，并论证了体操课在儿童及青少年教育过程中的积极作用。根据鲁伊·巴博萨的提议，所有普通教育机构都有必要开设体操课程，将体操作为学习科目纳入学校课程体系，充分利用课间和课后的不同时段开展体育活动，男生和女生均须参与该课程（此前对女生没有相关要求），并且体操课教师应该和其他学科教师一样享有平等权利。然而，这些设想最终只在当时首都里约热内卢的部分地区得以实行。[②]

（二）巴西共和国初期的学校体育（1889—1945 年）

巴西共和国初期的体育教育可以分为两个阶段：第一阶段是从 1889 年到 1930 年革命；第二阶段是 1930 年革命之后直到 1945 年。

在巴西共和国初期的第一阶段，除了里约热内卢之外，联邦许多其他州也开始实行各自的教育改革，并将体操课正式纳入学校课程体系。此外，联邦还建立了几所专门的体育学校，主要用于军事训练。在共和国初期的第二阶段，随着教育和卫生部的成立，体育开始在政府的发展规划中占据重要地位。也正是在这一阶段，学校体育被首次写入巴西宪法，政府还颁布了教育法规，使体操课成为当时中等教育阶段的必修课程。[③]为了使学校的体操课程系统化，科学的体能锻炼法逐渐被大家关注，这些训练方法主要来自瑞典、德国和法国的学校，为体育注入了卫生主义和军国主义的优生学理念：体育锻炼应该用于保持身体卫生和道德健康，并在体能上随时为战争做好准备。卫生主义和军国主义以解剖生理学有关理论作为依照，旨在培养不具备批判精神并能顺应当时巴西社会现状的人。

（三）二战之后巴西的学校体育（1946—1979 年）

自第二次世界大战之后，直到 1964 年巴西独裁统治之初，学校体育一直保持着巴西共和国初期以体能锻炼为纲的特点。随着巴西军方逐渐掌握行政权力，教育系统加速变革，政府利用许多公立和私立学校作为军事政权基地并投入大量资

① GUTIERREZ W.História da educação física［M］. 4th ed. Porto Alegre：Coleção ESEF-IPA，1985.

② DARIDO S C，RANGEL I C A.Educação física na escola：implicações para a prática pedagógica［M］. 2nd ed. Rio de Janeiro：Guanabara Koogan，2005.

③ BETTI M.Educação física e sociedade［M］. São Paulo：Movimento，1991.

金，计划通过一系列高水平体育赛事的成功举办，把体育转化成一种意识形态支撑，从而消除内部的批判言论，营造一种繁荣与发展的假象。由此，体育中的竞争精神得到进一步加强，体育活动越来越注重对于胜利和冠军的追求。在这一时期，影响巴西学校体育的另一重要因素是第705/1969号法令的颁布，它增加了体育课程在巴西学校义务教育中的比重，其政治目的是扶持军政大权，瓦解对其发展造成阻碍的学生运动，因为学生群体一直是反抗该政权的主要力量。体育成为一种渠道，分散了人们对当时政治环境的注意力。这一阶段的体育运动完全不考虑学生的知识积累，具有很强的功利性，主要是为培训大量具有生产能力的健康劳动力。①

（四）20世纪80年代至今的学校体育（1980年至今）

自课程开创以来，巴西学校体育的主要内容都是项目常识和体能锻炼，常常趋向程式化。学生往往只是学会一项运动，但却并不了解和它相关的文化背景，更不会由此产生更多的思考。20世纪80年代，巴西的政治环境变得开放自由，学校体育的主题和内容也逐渐多元化。这一阶段，有关体育教学的各种理念、模式、趋势和方法并存，打破了以往体育课程机械固化的传统模式。这些不同的理念涵盖心理运动、发展视角、新型健康和批判教学等内容。此外，《国家课程标准》的出台也为学校体育的科学发展奠定了坚实基础。

心理运动的概念最初只应用于一些“特殊”学校的教学过程中，其受众主要是患有运动和智力障碍的学生，这是20世纪80年代出现的第一个标志性变化，与以前的教学模式不同，心理运动旨在促进精神世界的健康发展，将许多心理学内容纳入其中并加以运用；发展视角旨在为学生的运动行为发展提供必要的条件支持，为其规划适合不同年龄段的运动体验，在这种教学模式中，教师需要系统地观察学生的运动行为，判定学生所处的运动发展对应阶段，找出问题并提供针对性的指导；新型健康教育观点目的十分明确，侧重了解健康的相关概念并强调其重要作用；批判教学则强调体育课程的内容应该从工人阶级的视角出发，融入更多对现实社会的解读，体育是一门关于身体文化知识的学科，其核心是游戏、比赛和体操等运动项目，但同时还应探讨学生可能面临的社会问题。1996年，随着《国家课程标准》的出台，学校体育开始重视从学会如何做、为什么做以及怎样学以致用这些角度诠释体育，为其注入了新的内容维度。该标准还呼应了批判

① CASTELLANI F L.Política educacional e educação física［M］. 2nd ed.Campinas：Autores Associados，1998.

教学的观念，寻求将学校体育的内容与当时的社会现实联系起来。体育这个横向主题必须以跨学科的方式进行，这样有利于思想道德的培养、公民身份的挖掘和自主性的开发。[①]总而言之，随着政治社会的变革，学校体育在巴西得到了前所未有的发展，现已被视为巴西社会公民培养的重要渠道。

二、学校体育的思想变迁

巴西帝国时期，学校体育课程只在部分地区开设，国家对于体育学科的重视程度有限。1889 年以后，随着共和国的建立，近现代巴西学校体育得到充分发展，大致经历了卫生体育、军国体育、教育型体育、竞技型体育、大众体育五个阶段。

（一）卫生体育

从共和国成立之初直到 1930 年，体育主要被用于解决公共卫生问题，重点关注人的身体健康，强调对于保持健康体魄的重要意义，以尽可能杜绝传染病的发生和各类恶习的传播。特别是在 1888 年巴西废除农奴制以后，重获自由的非洲黑人纷纷到城市工作生活，恶劣的工作条件和居住环境以及落后的卫生设施导致多地传染病肆虐。在此情况下，学校体育开始在传播卫生习惯方面发挥作用。

（二）军国体育

从 1930 年巴西革命至 1945 年第二次世界大战结束，学校体育的主要任务是培养具有强壮体魄并勇于斗争的青年，以作为战争后备力量。在这个阶段，体育教学强制实行军事政权的行为标准，学校的体育活动采用法国的兵操训练法，巴西军队也曾采用这种方式进行日常练习。

（三）教育型体育

从 1945 年到 1964 年，巴西开始提倡以体操、舞蹈和不同的运动项目作为学校体育主要教学内容，这种运动教育逐渐被大多数公立学校所采纳。根据二战后一段时期社会上的流行说法，体育作为学校课程体系的重要部分，是一种能够促进身体健康和规范青少年行为的实践活动。与卫生体育一样，教育型体育也是在

① DARIDO S C，RANGEL I C A.Educação física na escola：implicações para a prática pedagógica［M］. 2nd ed.Rio de Janeiro：Guanabara Koogan，2005.

自由主义思潮下产生的，其理论基础在北美模式（新学派的心理学和社会学理论）中有所体现。在这一时期提出体育训练方法强调了体育的教育意义。

（四）竞技型体育

1964年之后，面对不断深入的学校体育的运动教育进程、安全发展思想的影响和媒体的宣传，各项体育运动在全国范围流行起来，竞技型体育思想应运而生。在军事独裁时期，体育服务于等级制度和精英化社会，主要表现是对那些历经苦难最终登上领奖台的英雄运动员的推崇。在这一阶段，学校可以根据实际情况，为不同的学生选择适合的体育训练内容，使其专门参与特定的运动项目，力求在奥运赛场上为国家争夺荣誉。学校体育变成了高水平运动竞技场。

（五）大众体育

20世纪80年代之后，很多专家学者认为体育不应成为人们的负担，更不该继续宣扬“金牌至上”的观念，因为这并不会让巴西成为真正的体育强国。随之而来的是一场重大的体育身份认同危机，这种思潮导致巴西学校体育迫切需要改变发展方向，因而开启了大众体育的发展阶段。在这一阶段，心理学、哲学和社会学等多个领域都为推进新时代学校体育的发展做出了贡献，为更多新理念的诞生开辟了道路。

第二节 学校体育的结构、功能与目标

本节聚焦于学校体育的结构、功能与目标，按照时间序列将巴西学校体育的结构划分为幼儿教育阶段体育、初等教育阶段体育、中等教育阶段体育和高等教育阶段体育四部分。不论哪一阶段，巴西学校体育的培养设计都充分考虑到学生的学习和成长环境，除了引导学生改善体质和养成良好的生活习惯，还注重发挥体育的社会功能，将培养全面发展的健康公民作为目的贯穿始终。现对巴西学校体育的结构、功能与目标进行介绍。

一、学校体育的结构

巴西的教育体系分为两级：基础教育和高等教育。基础教育又可划分为幼儿

教育、初等教育和中等教育三个阶段。按照时间序列，巴西学校体育的结构大致可以分为幼儿教育阶段体育、初等教育阶段体育、中等教育阶段体育和高等教育阶段体育四个部分。

（一）幼儿教育阶段体育

根据 1996 年巴西颁布的《国家教育指南与基础法》，体育学科在整个基础教育阶段都是学校的必修课程，已被依法纳入基础教育的第一阶段。《国家幼儿教育课程参考》作为规范学校教学目标和教学内容的官方文件，对提高 0～6 岁儿童的保育和教育质量作出规定：幼儿教育需要将不同领域的知识和技能纳入教学计划，为其全面发展做好准备。体育学科是培养运动能力、认知能力和交际能力的理想平台，幼儿则正处于运动、认知和交际能力的初步开发时期，正从个人主义阶段转向群体体验阶段，体育在此过程中发挥着重要作用。[①]教师在课上可以选择简单的流行游戏，也可以鼓励学生探索并创造新的游戏形式，引导其在完成基础动作的同时积累游戏经验，通过身体的实践了解身体的变化，初步体会相互尊重和协作。

（二）初等教育阶段体育

在初等教育的开始阶段，儿童会有持续不断尝试新事物的需求。根据巴西联邦体育委员会的建议，应尽量将不同的体验融入儿童的日常生活，为其学习解决问题创造更多可能。根据《国家课程标准》的规定，初等教育阶段的体育课程开始全面助力开发学生的身体技能，倡导通过运动促进其身心发展。学校会开设类似动态课堂的多样化课程，注重学生情感表达、认知能力和心理素质的改善，课上训练充分调动学生的积极性，增强与学生之间的互动。在初等教育的中后期，学生会开始意识到自己的心理活动和周围的抽象信息，以思维表征观察现实世界，学生之间也会建立各种复杂联系，尝试对自身思维活动寻找合适的理论解读。教师通常会对一些流行游戏进行社会化研究，探究某种文化活动存在的历史和社会背景，了解其对于休闲、健康和工作的重要意义；通过组织各种体育比赛，进行对规则的学习和体验，全面理解不同的体育赛事；此外，还可以对一些技战术进行初步介绍，以培养学生的团队意识，鼓励经验丰富的学生帮助经验不足的学生，

---

① CAVALARO A G，MULLER V R.Educação física na educação infantil：uma realidade almejada［J］. Revista Educar，2009，25（34）：241-250.

合作共赢。

（三）中等教育阶段体育

根据《国家教育指南和基础法》的有关说明，中等教育阶段是学生知识技能、道德修养、批判思维、艺术感知等方面素质综合提升的关键阶段，学校的任务则是培养对现实世界具有批判思维和自主意识的社会公民。在这一阶段，学生的知识积累更为丰富，会与身边的各种事物建立联系并加以思考，开始感知、体会和解释不同事物之间的共同属性和规律。此时的体育学科则更注重运动训练的规律总结以及空闲时间的有效利用，在体育文化范畴内的研究进一步深入，内容更为系统全面，会将游戏和运动体验融入不同的情境之中，具有重要的社会功能。体育需要让学生沉浸在充满不同文化元素的环境中，同时运动行为、身体和意志相互依托，这一过程不单是为了让学生重视人类运动的文化意义，更是为了让他们理解这些身体表现和运动行为的社会价值。

（四）高等教育阶段体育

在巴西的教育规划中，体育学科并非高等教育阶段的必修课程。所以，除了体育专业的学生，高校一般不对其他学生修读体育课程和参与体育活动作硬性规定，大多数情况下，学生自行参加体育运动以提升身体素质、调整身心状态。此外，很多高校都会选拔特定项目的体育竞技队，为校际赛事做准备，部分高校会开设体育选修课，学生可以在学校选修体育课程，还可以通过体育俱乐部或一些体育学术机构参与体育活动，学习体育知识、锻炼运动技能并缓解身心压力。随着学校体育的不断发展，高等教育阶段体育正越来越多地被大家关注。

二、学校体育的功能

学校体育的功能是指在一定的社会环境和条件下，学校体育所能发挥的效用。巴西学校体育的功能主要表现为保持身心健康和培养合格公民。

（一）保持身心健康的功能

学校体育是了解学生健康状况的重要渠道，同时可以为学生运动能力和心理素质的改善提供科学指导。巴西学校除了定期发布 IPAQ 国际体育活动量表问卷，还会组织体育教师参与学生的身体数据测量和运动能力评估工作，最后根据评估结果对体育课程进行设计和调整。学校体育除了帮助学生发展运动技能，还为其在校期间的简单交际提供平台，让学生通过群体互动增强自信。由此可见，体育是学生保持身心健康的必要渠道，可以对学生的身体发展和心理发展产生积极影响，在整个学习阶段都具有重要意义。

（二）培养合格公民的功能

学校体育是学生价值观初步形成的门户，可以让学生对基本的处事原则以及社会多样性有所了解，是培养合格公民的工具。学校体育所构建的知识框架能够对社会价值观进行批判性分析，从而培养具有独立人格的、积极参与社会事务的合格公民。学校体育可以使学生成为积极的实践者，将运动和身体文化融入生活并发掘个人潜力，理解、适应和改变所处的社会环境，培养相互尊重、公平参与的习惯：在学习中感受公正裁决，在活动中培养团结意识，在比赛中学会尊重对手。学生通过体育掌握运动技能、改善人际关系、培养自尊自信，其运动能力以及与生活环境的互动能力也发生改变，这便是体育在培养合格公民过程中的重要功能，是一个长期而连续的过程。

三、学校体育的目标

总体来说，体育学科旨在提升运动、认知和交际能力，引导学生养成健康生活习惯。巴西学校体育的总体目标是激发学生对于体育锻炼的兴趣，开发其运动潜能，并以此为基础，培养积极的生活实践，建立良好的人际关系，在比赛中学会相互尊重、团结协作，了解不同社会群体的身体文化特征，最终促进社会和谐稳定发展。

（一）开发学生运动潜能

学校体育的首要目标是开发学生的运动潜能。通过了解不同成长阶段的运动能力和兴趣侧重，发掘学生的运动资质，让学生从小培养体育爱好，接触感兴趣的运动项目并养成运动习惯，从而使运动潜能得到有效开发。体育教师需要在了解每个学生情况的基础上进行科学指导，引导大家正确参与体育活动，促进其身心健康发展以及情感和智力的健全。

（二）培养积极生活实践

学校体育的另一目标是培养学生积极的生活实践。《国家课程标准》确定了基础教育对于体育的要求：体育重在让学生关心自己的身体状况、养成健康的生活习惯并培养积极生活实践，要让学生对自身健康和集体健康具有责任意识，这是提升生活质量的途径之一。为满足此要求，学校体育需要引导学生探寻体育锻炼的原因和意义，鼓励学生形成积极的处事态度，帮助学生找到适合自己的训练方法，同时促进知识积累；要引导学生成为拥有清醒认知和良好心态的实践者，将运动和身体文化融入生活并有效利用。学生必须了解身体文化相关的制度和规则，成为观赏体育的理性消费者，对职业体育的运作体系有批判性认识，对体育中的暴力行为、兴奋剂事件、政治和经济利益问题有批判性分析。

（三）促进社会和谐稳定

巴西学校体育将促进社会和谐稳定作为最终目标。体育需要承担起培养合格公民的社会责任，使他们在面对观赏体育、健身活动和其他新形式的身体文化实践时以批判的视角进行合理的自我定位。要实现这一目标，仅仅学习运动技能是不够的，学生要在掌握运动技战术的基础上遵守规则，学会相互尊重和相互理解。体育作为基础教育课程的组成部分，要引导学生正确融入不同的身体文化形式，培养能够创造、发展和改善身体文化的公民，享受体育活动和赛事的乐趣，提高生活质量，这有利于促进社会的和谐稳定。

第三节 体育教学

体育教学是学校体育工作的中心环节，同许多国家一样，巴西也十分重视体育教学工作。本节聚焦于体育教学，从巴西学校体育教学的目标、过程、原则、方法和评价等方面对其进行了阐述。现对巴西学校体育教学进行如下简介。

一、体育教学目标

教学目标的确立往往关系到课程内容的选择，对于教师的教学实践具有很大的参考价值。教学目标应该与学校实际情况和社会发展现状相联系，以建立文本与情境的对应关系，这样才更具现实意义。体育教学目标是体育教学的起点，也是体育教学的终点，指明教学方向并明确其功能。巴西学校的体育教学目标可以从教育目标和指导目标两个层面来分析。[①]

（一）体育教学的教育目标

体育教学的教育目标是学校从宏观角度期望实现的教育目的和愿景：根据社会发展现状，了解和分析学生的行为特点、身体素质、知识水平、运动技能和表现能力，采用适合不同对象的教学模式，在课堂上构建良好的人际关系，适时鼓励学生参与体育教学过程中的集体讨论和评估工作；通过体育教学的开展，学生能够消除阶级、性别、种族、身体缺陷等方面的歧视问题，避免不同类型的暴力行为，增强表达和论证能力，提升在公共场合分析问题和出谋划策的能力，将所学知识融入自己的工作和生活。

（二）体育教学的指导目标

体育教学的指导目标与学校课程规划的总体目标相符，与具体的教学行为有更加直接的对应关系：通过体育教学的开展，学生能够感受运动文化元素的多样性，理解体育锻炼的概念性内容并增加有关积累，了解现代体育现象中存在的各种矛盾和问题，懂得区分民主性和排他性的运动实践，充分享受校内外的体育活动；能够认识不同运动实践的意义和相关历史背景，了解体育与国家、媒体和不同社会组织之间的关系，了解体育运动与社会、文化和经济环境的关系，了解健康和身体美学标准的本质，在课后运用所学自主进行运动实践。

二、体育教学过程与原则

体育教学是一个复杂的动态过程，涉及教师、学生、环境和方法等许多因素。体育教师须遵循一定的教学原则，推动教学过程有序进行，有效地完成教学任务。这些原则可以作为教学内容和目标的参照，帮助教师选取合适的教学方法。

（一）体育教学过程

教学是一个复杂的工作，体育教学过程大致分为三个阶段：第一阶段，教师引入所学单元的内容，让学生了解教学目标，确定最佳授课方式，使学生能够积极参与课上体育活动并按要求完成课堂规定任务；第二阶段，教师针对课上内容

---

① BRACHT V，et al.Itinerários da educação física na escola：o caso do colégio estadual do Espírito Santo［J］. Revista Movimento，2007，11（1）：9-21.

进行具体的知识点讲解和必要的动作指导，帮助学生理解并掌握相关知识和技能；第三阶段，教师引导学生进行学习总结，对课上活动的参与情况和教学任务的完成情况进行评价，同时对教学内容和方法进行反思。

（二）体育教学原则

体育教学除了遵循教育学和教育心理学等学科的基本原则，还须遵循体育学科的特定原则，以满足国家对学校体育的总体要求。体育教学原则是体育课程设计的出发点，用于指导体育教师的教学行为，以下六个原则最为关键。

1. 相互性原则

相互性原则一般是为了摆脱传统教学模式的限制，更有利于学生对课上内容的掌握。相互性主要体现在教师和学生、学生和学生之间的交流互动。在教师和学生的互动中，学生是教学行为的焦点，教师则作为引导者，帮助学生积极参与整个过程；在学生与学生的互动中，合作性较强的游戏和自由发言的机会显得尤为重要，这些活动可以让学生拥有愉快的课堂体验，体育在此过程中进一步发挥促进人际交往的功能。

2. 情境化原则

为赋予体育教学内容更多实际意义，体育课堂不应局限于单纯的身体锻炼，而应基于特定主题与情境丰实和延伸教学内容。在教学过程中，教师应该尝试将教学内容与学生的生活实际结合起来，重视学生的社会文化体验，由此创设情境化课堂。

3. 多维度原则

在传统教学模式中，教学活动只具备单一的程序维度，不利于学生的综合素质发展。根据新的学校体育培养目标，体育教学需要涵盖程序、态度和概念三重维度。[①]在程序维度中，体育教学应重视学生的运动文化实践，引导学生正确提升运动技能，并以此作为训练过程中的参考依据；在态度维度中，体育教学应考量学生对道德缺失、种族主义、暴力行为等社会问题的独立思辨能力；在概念维度中，体育教学应主动结合社会历史视角，将教学内容置于现实情景之中，根据不同主题和数据资料开展教学。

① DARIDO S C，RANGEL I C A.Educação física na escola：implicações para a prática pedagógica［M］. 2nd ed.Rio de Janeiro：Guanabara Koogan，2005.

4. 多样化原则

根据多样化原则，体育教学应为学生提供不同类型的运动体验，这样有助于培养学生丰富健全的运动文化感知。固定不变的学习环境和教学材料常常难以满足多样化的学习需要，所以体育教师更应带领学生积极体验不同的课堂环境和具有新意的教学资源。

5. 自主性原则

根据自主性原则，体育教学应适时激发学生的自主性和创造力。为满足这种要求，体育教师需要选取相对开放的教学主题，充分了解学生对于课程的意见和想法，鼓励学生参与到课堂内容的建设过程中来。

6. 趣味性原则

趣味性是体育教学过程中的重要原则，同时也是增加课堂吸引力的关键因素。体育教师应该懂得利用各种流行游戏等趣味性较强的活动内容，在体育课堂上为学生营造一种轻松愉悦的知识学习和运动体验氛围。

三、体育教学方法

体育教学方法的主体是教师和学生，是为实现体育教学目的、完成体育教学任务而采取的多层次的、教与学相互作用的活动方式的统称。巴西学校体育教学最常采用的四种方法是开放式教学法、批判式教学法、建构主义教学法和解放主义教学法。

（一）开放式教学法

开放式教学法十分重视学生的课堂参与度，为学生提供质疑和建议的机会，保护学生的自主性和创造力。在课堂上，体育教师给予学生一定的行动自由，让他们通过自己的方式实现既定目标；教师可以设定必须由学生自行完成的一系列任务，并对学生的处理方式作出及时反馈。教与学的过程表现为教师和学生在目标、内容和评价等问题上的共同参与。

（二）批判式教学法

批判式教学法更注重在体育活动过程中进行历史文化知识传播，让学生能够理解社会环境和日常生活中的一些问题。这种方法论建立在辩证与历史唯物主义的基础之上，体现了认识论相关原理，体育教师通常会根据主流文化的发展方向对教学内容进行筛选、整理和归纳，帮助学生更好地理解现实问题，具有很强的社会意义。

（三）建构主义教学法

建构主义教学法以身体认知为中心，其目标是通过有计划的体育活动，让学生感受并认识自己的身体，了解自己的运动行为特点以及运动能力水平。除此之外，体育教师还需要引导学生理解一个事实：身体是人在不同的社会环境中自我表达的重要工具之一。

（四）解放主义教学法

解放主义教学法同样赋予学生很大的自主权，可以通过体育运动和比赛的方式，让学生对自身以及不同社会群体的运动实践形成批判性认识；体育教师也可以不断创设情境，让学生以批判的方式完成体育学习。除了常规的运动项目和技术，还注重培养语言运用和互动能力。在这种方式下，学生的客观认知和社会交际能力可以得到加强。

四、体育教学评估

教学评估是教学过程中的重要环节，一般是对教学对象的体育常识（概念知识）和运动能力（身体知识）的掌握情况进行考核，有专门的评估方式和评估工具。在确定评估方式和工具时，应综合考虑教学对象的情况，因为部分考核内容侧重运动体验，很难用书面明确记录，涉及感觉、知觉和情感等因素，具有较强的主观性。

（一）教学评估方式

巴西学校体育课程的教学评估方式通常分为合作评估和个人评估。在合作评估的环节，评估工作可以针对学生集体开展，是了解学生整体学习情况的重要路径；在个人评估的环节，评估工作一般针对学生个体进行，通过体育测试等方式，了解每一位学生对于体育常识以及运动技能的掌握情况。

（二）教学评估工具

教学评估工具作为教学评估结果的参考内容，包括自评、报告、作品和观摩四种形式。自评是指学生对自己进行的评估，突出其在特定时间段的表现、对课堂活动的参与度以及学习任务的完成情况；报告是指学生对于学习收获和体能指标的书面或口头陈述；作品是指学生在整个体育学习过程中创作的有文字和图像记录的作品集合；观摩不仅限于教师观察学生的课堂表现，也包括学生对其他同学在体育课堂上的参与情况进行的观察学习。

第四节　体育课程

体育课程是学校体育的核心内容。本节聚焦于体育课程，结合体育课程的变迁及其含义和维度对巴西学校体育课程的发展进行了概述，并从体育课程的内容、资源和发展趋势三个方面对其进行了阐释。现对巴西学校体育课程进行如下简介。

一、体育课程发展概述

学校体育的各项教学目标很大程度上是通过体育课程实现的，体育课程对于发挥学校体育的教育价值起着至关重要的作用。作为学校课程门类之一，体育课程一直注重引导学生探索运动文化，在享受游戏和比赛的过程中养成健全人格并成为合格的社会公民。

（一）体育课程的变迁

巴西学校体育在诞生之初受医学思想影响颇深，课程内容多集中在卫生、健康和优生学的有关著述。军人政权建立后，为了组建具有强健体魄的青年军队，政府开始大力支持学校的体育建设，体育被赋予了很强的民族主义色彩。1851 年，科托・费拉兹进行教育改革，体育首次成为巴西学校的教学科目，被称为“体操课”。1882 年，鲁伊・巴博萨颁布另一项改革措施，将体操课纳入在校生的必修课程，但只在当时首都里约热内卢和一些军事学校实行，直到 20 世纪 20 年代，联邦各州才开始跟进这项改革。[①]20 世纪 80 年代后，由于政治形势发生变化，学校体育课程有了新的发展理念，当时发布的《国家课程标准》也开始正式采用“体育课”这一名称。

① BETTI M.Educação física e sociedade［M］. São Paulo：Movimento，1991.

（二）体育课程的含义

体育是一门学习运动项目和身体文化的学科，是具有社会文化性质的运动实践。通过体育课程，学生亲自参与和体验各种运动项目与体育活动，更好地了解自己的身体状况，认识自身的局限性和可能性，收获健康和快乐，培养良好的生活习惯，提高生活质量，养成健全人格，正确行使公民权利。

（三）体育课程的维度

体育课程通过体育教学活动实现其意义，两者紧密相关。因此，体育课程的创设也需要依照“程序”“概念”“态度”这三个维度。

1. 程序维度

体育课程应包含体操、格斗等常见单项体育运动，以及交际舞、传统舞等常见舞蹈类型的基本知识和动作要领，此外还应包括不同类型的游戏和比赛情境。

2. 概念维度

体育课程应涉及人们在生活方式和生活习惯上的社会性转变（例如，新技术的诞生直接导致体力工作的减少），并与课上所学进行关联；还应涉及不同运动项目的产生、特点和变化（例如，足球运动最初只在巴西精英阶层开展；排球运动因为电视转播而改变规则）以及日常锻炼的正确方法和技巧（例如，正确进行腹部肌肉锻炼）。

3. 态度维度

体育课程应提倡保护各类运动环境中的设备和资源；提倡以对话而非暴力的方式解决问题；提倡积极参加集体活动，培养合作互动习惯，尊重人与人之间在性别、运动水平、宗教信仰和其他方面的差异。

二、体育课程内容设置

随着社会的发展进步，体育课程的内容也变得越来越丰富，以不同的运动项目为基础，通常还涉及营养学、运动训练、运动康复和健身健美知识，此外还有社会经济、社会组织和休闲体育常识。[①]在巴西，除了足球、篮球和排球这类传统

① DARIDO S C.Educação física na escola：questões e reflexões［M］. Rio de Janeiro：Guanabara Koogan，2003.

项目之外，学校还会为学生提供多样化的学习体验，体操、舞蹈和格斗也是常见的课程内容。

（一）游戏

游戏是一种自发的活动和行为，在特定的时间和空间范围内按照自由协定但须绝对遵照的规则进行，具有一定的紧张感和娱乐性。在游戏过程中，学生遵守规则、收获快乐，非强制性和包容性的特点得到充分验证。游戏可以使复杂的理念变得简单易懂，所以也是教育学和心理学中常用的教学手段。巴西学校体育自诞生以来，不同形式的游戏作为教学内容普遍存在于不同阶段的体育课程之中，在学生自我肯定和人格塑造的过程中发挥着重要作用。

（二）运动

体育运动具有游戏的某些特点但又不同于游戏，融合了其所不具有的竞技性。巴西大多数学校的体育教学内容会优先选择篮球、手球、排球和足球这四种传统运动项目，这些集体项目可以极大地增强学生的参与感，也是体育教育专业学习过程中最频繁练习的项目。学校一般都设有多功能运动场地，对上述运动项目的活动空间作出规定并为其配备运动器材。

（三）体操

体操是具有不同功能和特点的身体锻炼技术的集合，其形式多样且易于普及，可以作为其他体育运动的准备活动，也可以单独用于娱乐、竞技和社交。体操在室内和户外均可进行，有时需要使用相关器具和设备。体操活动可分为竞技体操和非竞技体操，后者又包括大众体操、体能体操、工作体操、医疗体操和其他体操五种类型。巴西学校体育关于竞技体操的教学内容以理论知识为主，关于大众体操和体能体操的内容多为实践教学，其他内容则较少提及。

（四）舞蹈

舞蹈是充满节奏感和表现力的运动形式，其用身体语言构成符号代码，加强个体价值观与社会文化环境的相互作用，促进身体语言交流。从呼吸节律到复杂动作，舞者需要对应空间和时间标准进行尝试和调整。从殖民地时期开始，巴西的舞蹈艺术一直在丰富和发展，在学校环境也不例外，舞蹈不仅仅是艺术课的教学内容，它同时还属于身体教育，也被纳入一些学校的体育课程，常见的有说唱舞、国标舞、古典舞和爵士舞等类型。

（五）格斗

格斗类项目和其他运动项目的最大区别在于，其参与方式是与对手进行直接的身体对抗，其目标始终是在身体上战胜对手。根据具体项目的不同，规则设定也有所区别，所以格斗类项目在学校体育教学实践上具有一定难度，巴西柔术、卡波埃拉、拳击和摔跤是比较常见的项目。一般来说，体育教师首先讲解不同格斗项目的理论知识，让学生熟悉比赛目的和技术要领，播放比赛视频作为教学演示；在实践环节，教师会对格斗比赛规则和目标稍作调整，以减少其对抗性，重点关注动作技巧，最后引导学生进行讨论和反思。

三、体育课程资源构成

适合的教学资源对于学生运动能力的发展以及课程结构的科学设计至关重要。巴西学校体育课程资源包括常规课程资源和非常规课程资源。[①]

（一）常规课程资源

常规课程资源又被称为“传统教学材料”，是巴西学校的体育课堂长期使用的教学材料，比如各种球类、球网、绳索和围栏等器材，以及体操、格斗等项目使用的器械。常规课程资源一般相对固定和系统化，具备成熟而明确的动作规范和技术要领，其缺点在于很多时候体育教师对学生的评价会趋于笼统，不同学生对同一项目的掌握情况可能产生较大差距，从而引起过度比较或者歧视的现象。在这种情况下，体育教师要及时采取多种措施进行有效干预。

（二）非常规课程资源

非常规课程资源又被称为“替代性教学材料”，主要是一些可回收并且经济成本较低的教学材料，比如水瓶、报纸、纸板、绳子、织物等废旧物品，还有石块、树叶、花朵和枝条等在户外临时发现的教学资源。非常规课程资源在体育课上用途广泛，适合不同类型的游戏和比赛，具有极大的灵活性和可操作性，能够激发学生的创造力。教师可以在没有绝对评判标准的情况下组织体育活动，让学生更

① FREIRE J B.Educação de corpo inteiro：teoria e prática da educação física［M］. São Paulo：Scipione，2011.

好地理解运动的意义，消除固定课程模式带来的刻板印象。

四、体育课程改革趋势

体育课程的具体目标与内容要根据社会发展情况不断调整和完善。在现阶段，巴西学校体育课程的改革发展主要表现为“大众体育”和“健康教育”两大趋势。

（一）大众体育

“大众体育”的概念在20世纪80年代首次进入大家的视野，其发展方向是由巴西社会需求主导的。在21世纪初，越来越多的巴西人开始思考并重视包容性、参与度、合作共赢、情感健康、休闲放松和生活质量等话题，对不良生活方式、疾病传播、毒品泛滥和急救指南等问题进行前所未有的关注。人们希望通过体育运动改善身体素质，保持健康体魄，享受美好生活。学校体育也为此作出积极调整，以更好地面向社会实际和大众需求。

（二）健康教育

“健康教育”也是进入21世纪后被广泛讨论的话题。巴西学校体育课程此前对于健康的要求主要集中在卫生问题和身体素质上，体育教师对此很少深入解读，学生一般在生物课上才能了解更多与健康相关的内容，这并不利于学生真正养成健康的生活方式。早在19世纪末，出于对文明进步的全新认识，健康主题便被纳入《国家课程标准》，旨在弥补体育课程中健康教育的缺失，除了生物学相关知识，还增加了社会现象分析。这是适合学校体育的健康理念，但并未得到充分践行，健康教育需要进一步发展和完善，继续在学校范围内深入开展。

第五节　体育教师

教师职业是一定社会历史背景下的产物，教师承担传授知识、伦理和道德规范的任务以及其他社会责任，教师不能只关注自己的学术成果，还应重视在学校和社会中的价值引导。本节聚焦于体育教师，对巴西体育教师的工作进行了概述，并从体育教师的专业素养、培训模式和职业发展等方面进行阐述。

一、体育教师工作概述

体育教师是体育教学的实施者，对教学过程承担主要责任。体育教师是经过认证的体育专业人士，负责指导学生的运动实践并关注学生的身心健康，还承担着调节与改善教育氛围和教学环境的职责，所以体育教师的工作形象常常与运动、健康和纪律联系在一起。成立于 1998 年的巴西联邦体育委员会（CONFEF）是体育工作者的监督和管理机构，任何体育专业工作人员都必须在该机构注册登记并定期更新个人信息。此外，为保障体育课程的高质量，体育教师还须完成教育部（MEC）认可的高等教育阶段体育专业课程，然后在学校所在州的地方体育委员会（CREF）获得专业资格认证。

二、体育教师专业素养

体育教师不一定是所有运动项目的专业运动员，但必须深度研究这些运动项目的专业技能，掌握基本教学方法并善于交流沟通，其主要职责是组织、指导和敦促学生个人或团体的运动实践，尤其要从学生的角度思考适合的运动体验形式。[①]良好的身体素质是基本条件，优秀的体育教师还需要同时满足专业知识和专业能力的相关要求。

（一）专业知识

巴西学校体育对于教师专业知识的要求包括学科知识、教学知识和背景知识三个方面。

1. 学科知识

学科知识是对应教学机构的不同专业领域课程的知识体系。对于体育教师来说，学科知识则对应体育学科的相关内容，包括运动常识和体育专业知识。

2. 教学知识

教学知识与教学的组织和管理密切相关，还涉及教学过程中的一般和具体原则。体育教师需要掌握教学知识，根据学生的实际情况对学习内容和方式进行科学调整，将运动表现、价值观和态度等抽象语言转化为教学行为，运用多种方式

① TARDIF M.Saberes docentes e formação profissional［M］. 13th ed.Petrópolis，RJ：Vozes，2012.

开展教学工作，增加学习的趣味性。

3. 背景知识

背景知识涉及文化、社会等维度下的教学环境，还有学生对于所学科目的问题和需求。背景知识是教师在开展教学活动时特有的知识，也被称为“经验知识”，它与师生所处教学环境以及教师在工作过程中的积累相关。体育教师需要深入了解各种社会情境，清晰传授学习目标、内容与方法，让体育在课堂之外继续发挥教育作用。

（二）专业能力

巴西学校体育对于教师专业能力的要求主要体现在设计规划、组织管理、沟通激励和评价反思几个方面。

1. 设计规划能力

设计规划能力是教学行为的统筹建构能力，可以指导教师的教学实践，使教师更好地实现学校设定的教学目标。教学的设计规划一般基于教师的生活经验和教学实践以及学生的表现和反馈，从中可以得出指向清晰的参考方案，以满足不同学生的需求。

2. 组织管理能力

组织管理能力主要在于通过维持课堂秩序和塑造良好氛围，优化学生的学习体验和学习成果。通常情况下，大部分体育活动都是在较空旷的环境进行，体育教师要在班级管理上发挥主导作用，在不打乱教学节奏的基础上，妥善地处理各种突发事件，体育教师要对整个课堂有一定的掌控能力，这有利于教学任务的顺利完成。

3. 沟通激励能力

沟通能力是教师的关键技能，直接影响师生关系的建立和学生的学习效果。良好的沟通可以在学生和教师之间建立互信，激发学习兴趣，让学生主动分享学习体会。学生在运动能力和运动兴趣上难免存在差异，体育教师则应及时关注课堂上存在的这些差异并与学生进行沟通。激励能力是沟通能力的补充，是教师激发学生好奇心、鼓动其积极参与课上活动的能力。体育教师的激励行为可以提升学生在课堂上的参与感和归属感，除了要使课程内容更具吸引力，还应为学生提供更多的自我表达机会。

4. 评价反思能力

教师对学生的考核评价是一个循序渐进的过程，考核目标和评价手段在学期开始就要有清晰的设定。评价手段和方式不应该单一化，要贯穿整个学期的不同阶段。根据综合考评结果，体育教师需要对自己的教学行为进行反思，同时判断所采用的教学方法是否合理，及时发现并纠正教学问题，改进和优化教学实践。

三、体育教师职业培训

职业培训是伴随教师整个教学生涯的必要经历，一般有个人培训和集体培训等形式。通过参加职业培训，体育教师可以充实和发展自己的专业素质，增长技能和见闻，将更多新内容、新见解融入课堂。

（一）发展历程

巴西学校体育教师的职业培训始于 20 世纪 70 年代，当时的教师培训具有明显的阶级立场和标准化特点，一般以个人学习为主，很少有教师接受系统的职业培训。20 世纪 80 年代后，随着工业发展和大城市移民潮，运动训练技术也得到空前提升，国家制定了一系列继续教育计划，教师培训重点关注理论在实践中的应用。20 世纪 90 年代，学校纷纷响应“教师适应社会”的号召，鼓励体育教师之间增进交流，分享体育教学经验，共同提升教学能力，当时的职业培训开始关注政治和社会变革的相关话题。21 世纪初，体育被赋予更多角色，职业培训要求体育教师以新的方式看待学生，关注其情感健康，培训活动也更加多样化。

（二）培训模式

培训活动是知识和研究的深入过程，教师在职业培训中学习实践，获得课堂以外的经验和技能，使教学行为更加科学化，提高教学质量。教师的职业培训需要和课程开发、教学规划以及教育机构的发展目标联系起来，解决与教学相关的普遍问题或特殊问题。根据不同的培训需求，体育教师的职业培训可以分为个人培训和集体培训两类，其中个人培训采用个体模式，集体培训包括行政模式和社会协作模式。在个体模式中，教师个体是培训活动的主导，教师自己或在某个学习小组中进行自主学习，自行掌握所需的知识和技能，这种模式具有很强的包容性和灵活性，也被称为“异质性”培训；在行政模式中，学校的行政部门和管理层设计并制定针对具体需求的培训策略，这种模式组织性较强，所选取的培训内容也更为统一；社会协作模式是前两种培训模式的结合，具有一定的自主性，参与培训的教师可以对培训内容进行补充完善，这种模式更注重理论知识和自身经验的有效融合。

四、体育教师职业历程

教师的职业生涯历程是教师职业身份的重要研究领域。巴西学校体育教师的职业发展轨迹主要包括五个阶段：职业入门期、职业稳固期、职业发展期、职业变革期和职业退休期。[①]

（一）职业入门期

职业入门期一般指参加教学工作的最初三年，是体育教师教学生涯的开端，也是问题较多的摸索阶段，教师要在个人需求与职业要求之间进行平衡，然后作出必要调整以适应全新的工作环境。这一阶段的体育教师教学资源未充分准备、教学方法欠熟练，在工作过程中常常会紧张焦虑，但是他们拥有对职业的极大热情以及尽快融入教师队伍的意愿，这些特点对于新任教师来说是宝贵的财富。此外，学生在课上的积极响应也是职业入门期体育教师的动力来源。

（二）职业稳固期

职业稳固期一般指参加教学工作的第四至六年，职业生涯产生初步变化。这是教师职业认同的形成阶段，教师会投入更多时间和精力履行工作职责，逐渐形成自己的教学风格，但仍然不能从容应对所有突发情况。这一阶段的体育教师对职业要求和工作形式理解透彻，教学技能得到初步巩固，同时也会积累一定的教学经验，找到适合自己的教学方法，收获自信心和安全感。

（三）职业发展期

职业发展期是教师职业生涯的第三阶段，教师开始得到关注并获得机会，勇于尝试各种教学方法，工作上的不确定性明显减少。与之前相对保守的课堂不同，这一阶段的体育教师职业技能得到完全巩固，倾向探索更多新的运动体验形式，在授课过程中对课堂更具掌控力，还会获得一些专业人士的认可。

① FARIAS G O，et al.Ciclos da trajetória profissional na carreira docente em educação física［J］. Revista Movimento，2018，24（2）：441-454.

（四）职业变革期

职业变革期是教师职业生涯的一个特殊阶段，许多教师的教学热情会明显减弱，更倾向于自我提升。这一阶段的体育教师一般有三种选择：一是致力于体育科研，或者继续攻读硕士和博士学位，寻求技术水平和职业等级晋升；二是致力于政治、经济和社会发展，积极参与社会事务；三是致力于公益事业，借助在职业生涯中积累的经验，继续为其他地方的体育教学做出贡献，或者提供咨询服务。

（五）职业退休期

职业退休期标志着教师职业生涯走向结束，教师一般不再主动承担工作责任，把更多精力放在个人生活上。这一阶段的体育教师大多不愿接触新事物，希望平静度过职业生涯的最后阶段，少数教师会继续保有对教学的兴趣以及接触新事物的意愿。

第六节 学校课余体育

要实现学校体育的教育目标，仅靠有限的体育课时是远远不够的。体育在学校环境中以多种方式存在，除了教育部规定的体育课程，巴西还广泛开展内容丰富、形式多样的学校课余体育活动。本节聚焦于学校课余体育，从巴西学校课余体育的概念、地位、功能和形式等方面对其进行阐述。

一、学校课余体育的概念

学校课余体育是指体育必修课程之外的校园体育实践，是在学校环境进行的非强制性的体育活动，主要在体育课以外的时间开展。学校课余体育并非仅限于学生参与，有时还面向本校或者其他教育机构、体育委员会和体育俱乐部的工作人员。因此，学校课余体育的主体可以是学生、教职工、教育管理者、家长和学校所在社区成员。然而，许多人对课余体育的认知还不太清晰，经常误以为在校开展的所有活动都是课程，学校课余体育仍有待被更多人熟悉。

二、学校课余体育的地位

根据巴西学校的教育理念，体育应伴随儿童和青少年的整个成长发育过程。虽然一些教育培训机构常常把体育实践的责任划归学校的体育课堂，但巴西学界已经认识到，课余体育对于学生的作用同样不可替代：除了教师和同班同学，父母、朋友、全校师生和社区人员都可以通过体育的方式与学生进行互动，这在体育课堂上是无法实现的。20 世纪 80 年代以后，巴西教育管理部门越来越重视青少年体质问题，学校课余体育也成为巴西学校体育规划中的重要内容，它是课上体育教学的延伸，往往比体育课堂更具激励作用，有利于学生认知水平和运动能力的综合发展，还有助于呈现体育以外其他科目的价值导向，让学生在强身健体的同时真正学会尊重规则、克服困难。

三、学校课余体育的功能

巴西教育管理部门将课余体育视为引导学生健康生活的必要活动并将其纳入学校体育教学规划之中。作为学校体育的重要补充，课余体育被赋予了诸多功能。根据学校体育的相关研究，课余体育对于学生、学校和社会都会产生积极的功能和作用。

（一）学校课余体育对学生的功能

学校课余体育活动为学生提供多样化的运动情境，提升其运动能力并增加运动知识与见闻，帮助学生培养自律、自控、坚毅、谦逊、尊重、忠诚等品质，懂得批判思考和团结协作，更加清楚地认识到自己的局限性；学生可以获得体育课程的补充资源，拥有更多的体育参与机会，在个人成长与所处环境之间建立更深刻的联系，这有助于缓解课业压力，在一定程度上也使学生免于接触各种恶习。总之，参加学校课余体育活动会改善学生的行为方式与人际关系，提升学生的学习成绩和素质品质，这些影响在学生成年之后仍然可以继续发挥作用。

（二）学校课余体育对学校的功能

学校课余体育对于学校也具有重要意义。无论是公立还是私立的教育机构，都可以通过课余体育活动建立课内外互补的教育模式，根据实际情况对其教学内容进行适当增加或者整合，这是对学校体育教学过程的补充和完善；学校体育教师通过组织课余体育活动可以扩大自己的教学实践，积累更多教育经验；在上述作用得到有效发挥的同时，学校还可以逐渐形成自己具有代表性的体育文化，增强在学术领域和体育界的影响力。

（三）学校课余体育对社会的功能

从宏观教育视角来看，学校课余体育不能限制在特定的职业行为框架中，还应该承担积极的社会角色，充分履行其教育职能。体育是一种社会文化现象，课余体育活动是每个学生的权利和自由。通过各种类型的课余体育实践，学生可以在轻松的体育氛围中建立与社会文化的联系，更好地理解竞争与协作的关系。课余体育活动的参与可以帮助学生树立正确的价值观和人生观，是避免矛盾冲突、促进社会和谐的有效途径。

四、学校课余体育的形式

学校课余体育是学校体育内容的重要组成，也是学生养成体育兴趣和运动习惯的关键环节。在课余体育的组织上，不同学校之间可能会存在一定差别，但巴西学校课余体育的形式大致可以分为集体活动和个人活动两类。

（一）集体活动

学校课余体育集体活动类型丰富，其中最常见的是班际运动会和体育文化节。

1. 班际运动会

班际运动会是巴西大多数学校每年定期举办的体育活动，也是巴西最常见的课余体育活动，可以让学生深度感受体育内涵，同时有利于体育运动项目的普及和学生身体素质的提升。班际运动会是学校不同年级和班级团队之间进行的体育竞赛活动，也被称为“协作游戏”或“团队比赛”，其目的是促进队员之间的团结合作，共同诠释体育精神。体育教师和学校行政部门负责活动的组织工作，十分注重比赛内容的多样性，学生是比赛主要参与者，参赛团队除了要在足球、排球、篮球、手球等运动项目中争夺胜利，还需要参与一些推理力和创造力测试，最终决出优胜队伍。

2. 体育文化节

体育文化节是巴西学校另一种具有代表性的课余体育活动，有助于培养团队精神与综合技能、提高学生对体育文化的兴趣，同时塑造良好的学校形象、加强学生对学校的认同感，还可以为学校的一些教育项目筹集资金。体育文化节通常包括一系列测验和关卡，涵盖体育、历史、地理、数学、科学、葡语等不同领域，也会设置类似合作拼图的创意游戏。为了使活动达到预期效果，学校有关部门需要进行精心策划和组织，选择适合学生年龄和水平的活动内容。学生被分成不同小组参与其中，通过完成规定任务获得积分，最后由裁判团评出优胜者。

（二）个人活动

个人活动一般指学生自行参与课余体育运动。通常情况下，巴西学校的运动场地在非上课时间也向学生开放，学校的运动设施可以在放学后供学生使用，学生自己选择在课前或课后的空闲时间参加自己感兴趣的体育运动，其中最受欢迎的运动项目是：舞蹈、排球、足球、篮球、手球和格斗。学校课余体育个人活动让学生以更加自由和灵活的方式进行体育锻炼，提升运动水平、培养运动兴趣，促进身心健康发展。

第七节　学校体育管理

学校体育管理是学校管理的组成部分。本节聚焦学校体育管理，从管理目标和管理体系与职责等方面对巴西学校体育管理进行了概述，梳理了为学校体育管理提供法律保障的政策法规，并从学校体育管理的组织工作和实施工作两方面阐述了学校体育管理的内容。

一、学校体育管理概述

为了保证学校体育的良好发展以及体育管理的顺利实施，学校体育管理系统和管理人员应掌握必要的专业知识，深入了解联邦宪法和各州法律，熟知国家教育方针、不同学习阶段的体育课程指南以及各州市体育法规，同时不断优化管理体系和管理方案，以促进体育教学质量的提升。

（一）学校体育管理目标

体育学科在进入 21 世纪之后越来越受到大家关注，因此各教育机构对体育的科学管理也显得尤为重要。学校体育管理是一种行动和手段，预期成果是让全体学生拥有高质量的体育学习经历，让体育的教学行为符合社会发展所需。学校体育管理的目标在于调动一切必要的物质和人力资源，竭力保证体育课程的有序开展、教学质量的提升以及教育机构的正常发展，同时根据社会、经济和文化转型的需求，协同组织激发学生运动潜能，帮助学生提升综合素质，以充分应对新形势下的社会变化。

（二）学校体育管理体系和职责

巴西学校体育管理体系一般由学校管理团队、体育教师、家长和教师协会（APM）三部分构成，其目标总体一致，但职责各有侧重。

1. 学校管理团队

学校管理团队由学校领导层、教学协调员、教育顾问和学校秘书组成。学校管理团队拥有学校整体规划的宏观视角，根据教师和学生的实际情况制定教学工作管理方案。管理团队必须及时发现并弥补教学过程中存在的疏漏或不足，支持学校的优势教学资源和项目，确保学校作为教育机构的正常运作；在学校管理实践和工作计划中，确立与国家教育指导方针相一致的体育学科培养方案；根据国家、州和市的经济发展需求，制定和实施学校体育教学实践的质量标准；保证学校体育工作各方面行动的连贯性和一致性，注重实现学校体育的社会功能。

2. 体育教师

根据巴西学校的相关要求，组织管理能力是教师应该具备的专业素养。作为学校教学团队和体育管理体系中的一员，体育教师同样需要掌握管理知识、提升管理技能和决策力。体育教师在学校体育管理过程中的主要贡献在于其教学实践，一般直接通过传授体育知识和组织体育活动来实现。体育教师的教学实践是更具参与性、责任感和创新性的学校体育管理环节。

3. 家长和教师协会

家长和教师协会是一个非营利性组织，代表学校和学生家长的共同利益。该组织以优化学生的学习效果和学校的教育质量为目标，与学校管理团队一起开展学校体育管理，参与有关财务、行政、教学以及资源分配等问题的决策，共同为实现学校整体发展目标而努力。此外，该组织还对学校体育场馆等运动设施的配备情况有知情权，可以帮助学校促进与其他实体机构之间的合作交流，获得更多课余体育文化活动的机会。

二、学校体育管理政策法规

巴西通过相关的法律法规和政策指南保障学校体育的管理工作顺利进行，以实现学校体育的目标和任务。巴西联邦政府颁布的《国家教育指南和基础法》《国家课程标准》和《国家共同课程基础》等教育规范以及相关部门颁布的系列法令对学校体育的课程目标、健康功能和体育教师的职业要求等内容都有明确规定。

（一）《国家教育指南和基础法》简介

巴西政府颁布的《国家教育指南和基础法》（简称 LDBEN）是教育领域最重要、最具权威性的法规，也是基础教育阶段学生运动技能和综合素质发展的重要指导，引入了新的课程标准，推动了学校体育的变革，增强了教学结果评估的灵活性和学校体育管理的自主权。该法律将体育学科正式纳入基础教育阶段的学校课程体系，对学校体育的整体目标和管理标准作出系统规划。

（二）《国家课程标准》和《国家共同课程基础》简介

巴西教育部制定的《国家课程标准》（简称 PCNs）在一系列教学研讨的基础上产生，明确了初等教育和中等教育阶段各学科教师的工作任务，规定了体育学科的教学质量标准，也对学生的培养方向提出了具体要求。[①]在《国家共同课程基础》（简称 BNCC）中，体育内容被归入语言与表达模块（包括体育、艺术、葡萄牙语和英语），要求学生认识、体验和享受各种运动实践，理解它们与健康生活的联系，提倡建立运动体验的时空观，丰富身体和运动的可能性。《国家课程标准》和《国家共同课程基础》是学校体育教学和管理工作的重要参照。

（三）联邦第 9696/1998 号法令及第 12864/2013 号法令

联邦政府 1998 年颁布的第 9696 号法令首次明确了体育教师等体育专业工作人员的监督和管理责任，并设立联邦体育委员会和地方体育委员会作为其主要监管机构。[②]2013 年颁布的第 12864 号法令重点关注学生的健康水平与国家经济和

---

① BRASIL. Secretaria da Educação Funtamental. Parâmetros curriculares nacionais：educação física/secretaria da educação fundamental. 3rd ed. Brasília：MEC/SEF，2001.

② CONSELHO FEDERAL DE EDUCAÇÃO FÍSICA–CONCEF. Carta brasileira da educação física. Rio de Janeiro：CONFEF，2000.

社会发展的关系，突出了学校体育的作用和地位，将其视为促进健康的重要途径，对体育教师的工作职责和学校体育管理目标也提出了相关要求。

三、学校体育管理的内容

学校体育的有效管理有利于促进学校体育的科学发展。巴西学校体育管理主要包括组织工作和实施工作两个方面的内容，共涉及十个具体方向。

（一）学校体育管理的组织工作

学校体育管理的组织工作是实现学校体育管理和发展目标的基础，不会直接产生明显成效，但仍是必不可少的工作环节。所有负责筹备、安排等事宜并为其提供相关资源支持的人员都是管理组织工作的参与者，应了解教育管理相关的法律政策以及学校体育课程的总体规划和评估标准。组织工作具体可以分为四个方向：制定学校体育管理原则；规划并组织学校体育相关工作；检查和评价体育教学工作；进行体育教学成果管理。

（二）学校体育管理的实施工作

学校体育管理的实施工作可以直接促成体育教学环境的改观，推动体育实践不断革新，扩大并提升体育教学的内容与质量。体育管理的实施工作具体分为六个方向：民主参与管理、人员管理、教学管理、行政管理、学校文化管理和日常生活管理。[①]在实际的管理过程中，上述内容是彼此关联、互为依托的，一项特定的工作需要组织和实施两个方面的结合，缺一不可。

第八节 巴西学校足球教育

足球是一项风靡全球的运动，它自诞生以来就备受大家推崇，具有广泛的群众基础和突出的感召力。足球运动可以适应多种情境，巴西学校很多科目的教学内容都会涉及这项运动，足球主题在体育课程中也占据重要地位。本节聚焦巴西学校的足球教育，从教育概述、教育内容和教育意义几个方面对其进行阐述。

---

① LÜCK H. Planejamento em orientação educacional［M］. 23th ed. Rio de Janeiro：Vozes，2014.

一、学校足球教育概述

足球是巴西最受欢迎的运动之一，也是巴西人谈论最多的体育项目。1894 年，从英国留学归国的查尔斯·米勒把足球运动带到了巴西，他组织了英国天然气公司与巴西银行之间的第一场球赛，这场比赛吸引了许多其他运动项目的爱好者。此后，足球在很长一段时间里都是上流社会的专属运动，这种情况直到 20 世纪 20 年代才得到改善。学校体育的内容是随着社会需要而变化、发展的，足球最终成为学校体育课程中不可缺少的内容，足球教育也越来越得到巴西政府的重视。在巴西学校的足球教育过程中，除了有针对不同学生的足球训练方法和运动体验，还有足球相关话题的研讨作为课程的延伸，使学生能够充分感受足球这项运动的竞技性、趣味性和包容性。

二、学校足球教育内容

巴西的足球教育以养成性和竞技性为主要原则，以五人制足球为特色项目，除了关注学生运动技能的掌握，还对足球教育内容进行必要的拓展和延伸，旨在帮助学生提升综合素质、提高判断力和认知水平。

（一）足球教育基本原则

足球教育一般遵循养成性和竞技性两个原则。养成性原则关注个人的整体发展，把足球运动看作个人发展的一种途径：学习足球不是目的，而是提升身心健康、运动技术、战术策略和社会心理的教育手段，这也是巴西大多数学校和教育机构最常见的教育原则。竞技性原则更关注运动本身的普及和推广，把个人看作优化足球项目的媒介：所有的学习和实践都是为了进一步发展足球运动，个人是为运动服务的，其最终目标是突破运动极限和提高运动成绩，通常针对天赋异禀、具有专业运动潜质的学生。

（二）足球教育特色项目

五人制足球（futsal）是足球的一个变种，在巴西校园极具人气。根据巴西《国家课程标准》的有关规定，五人制足球是学生在体育课上需要学习的重要内容。与普通足球相比，它更易于学习和掌握，对参赛人数和场地的限制条件较少，可以在室内进行。五人制足球伴随初等和中等教育阶段各年级的体育课程，包括身体控制、控球技巧、战术角色和攻防阵型等知识，从基础到进阶，从理论到应用，尽可能地让学生拥有完整系统的学习体验。体育教师需要引导学生正确看待竞争、彼此尊重，还可以进行必要的内容创新，赋予五人制足球以更多的可能。[①]五人制足球可以帮助学生调节日常学习中的紧张情绪，在团队合作中把握交流互动的机会并充分感受运动乐趣，对学生的健康成长具有突出作用。

（三）足球教育内容拓展

学校足球教育的核心是足球项目的运动技能教学，主要分为两步：第一步是进行足球基本动作学习，提高技术能力以及控球、传球和射门水平，一般单独进行，需要多次重复练习；第二步是进行适用于比赛情境的模拟训练，学生需要执行老师预先讲解的技战术，在模拟训练的过程中逐渐熟悉运动技巧。除了运动技能教学，学校还会在反思日常足球教育实践的基础上，组织探讨足球热门话题，根据社会发展现状和学生实际情况进行教学内容的延伸和扩展，以满足学生的需要，从而更好地发挥足球的教育作用，其中具有代表性的有足球发展历程、足球技术规范、足球与社会、足球与道德、足球与艺术、足球与流行文化、巴西足球、女子足球和以足球为灵感的流行游戏等领域。[②]

三、学校足球教育的意义

足球在巴西拥有多样化的受众群体，具有重要的社会和文化价值。学校给予每个人平等体验和享受足球的机会，也使得该运动在各类体育项目中脱颖而出，成为最受学生喜爱的学习内容之一。学校足球教育对于学生、学校和社会都具有积极意义。

（一）足球教育对于学生的意义

学校足球教育可以增加学生的足球知识，提高足球技能和其他体育知识的运用能力以及社交能力，帮助学生在团队中克服逆境、寻求个人进步。足球教育超越了运动本身，它引导个体表达自我、外化情感，有利于参与者的身体和智力发

① APOLO A. Futsal：metodologia na aprendizagem［M］. 2nd ed.São Paulo：Phorte，2008.

② DARIDO S C，SOUZA O M，Jr. Para ensinar educação física：possibilidades de intervenção na escola［M］. Campinas：Papirus，2007.

展；它教会学生遵循原理、巩固所学，不断丰富自我，激发运动潜力和对体育的兴趣，从而养成良好的运动习惯。学校足球教育远不止于体育场馆的运动范畴，具有很强的社会属性，通过将体育和教育结合，让学生更好地融入社会环境，增强社会适应能力，成为具有自主性和参与性的社会公民。

（二）足球教育对于学校的意义

足球是学校体育教学环境下开展最频繁、受众最广泛的运动，是学校体育的重要教育资源。学生通过足球收获更多的成就感，这种积极的情绪状态有助于提高学习效率，进而形成良好的学习氛围；学生的综合素质得到提升的同时，教师也可以不断优化自己的教学实践，形成学校的足球教育特色，对于学校体育课程质量和足球教育质量发展具有促进作用；此外，形式多样的足球活动为校园文化带来了新的活力，不仅能够丰富学生的课余生活，还有利于营造浓厚的体育氛围、形成积极向上的校园文化。

（三）足球教育对于社会的意义

足球教育让学生在相对局限的校园环境中拥有获取更多社会知识和经验的机会，有助于学生建立个人与集体的良好关系，积极应对日常生活中的困难和挑战；足球运动承载的文化内涵可以增加学生的运动知识和运动积累，培养其批判性的认知能力，使其在运动中提升社会交往能力，学习尊重他人、遵守规则，同时更好地承担自己的责任，有利于增强社会凝聚力、认同感和归属感以及社会价值观念的传承。总之，足球教育在学生的社会性发展过程中扮演着不可替代的角色，对于塑造身心健康的合格公民、促进社会和谐稳定具有深远意义。

第二章　学校体育在俄罗斯

第一节　学校体育的产生与发展

一、学校体育的历史沿革

俄罗斯学校体育的产生与发展受其历史、政治影响较深，按照不同历史阶段划分，俄罗斯学校体育在各个时期具有不同的特征。

（一）学校体育的萌芽

原始社会时期至封建社会时期，学校体育尚未形成。原始社会时期，部族为传授劳动技能开展了相关的劳动技能训练以及体育竞赛与体操等形式的活动，以提高部族人员的生存能力。封建社会时期 8、9 世纪左右，贵族阶级于节日时为表庆祝之意经常举行跑、跳、射箭等项目的比赛。11 世纪后半期，随着基辅罗斯建立了较为稳固的封建政权，民族体育与民间体育包括民间体育训练、民间体育竞赛等形式的活动得到进一步发展。在贵族阶级中，军事身体训练得到较大程度发展，增加了诸如赛马、象棋、跳棋、狩猎等训练内容。相对而言，贵族阶级的体育教育更为体系化，这为学校体育的产生奠定了社会基础。至 15 世纪，又增加了滑冰、国际象棋等项目。这类存在于贵族阶级的体育运动于 16 世纪达到了高潮。

（二）学校体育的产生

17 世纪末，彼得大帝开展了一系列改革，体育方面改革包括将体育引入各级各类学校教学计划并列入教学大纲中，以及1701年创建的专门军事学校即莫斯科算数与航海学校中设置“身体训练”课程。此后在彼得大帝当政时期，还创建了一系列专门军事学校，培养相关专业人才，诸如1706年设立了军事医院附属医科学校、1711年设立了工业学校、1712年设立了炮兵学校、1715年在彼得堡设立了海军专门学校、1721年设立了军事建筑学校等①。在这些学校中体育课的主要目的在于传授实际知识与动作技巧。此外普通学校中也开设了体育课程，普通学校体育课程的目的在于训练身体，科目主要包括骑马、击剑和跳舞。

（三）学校体育的发展

1. 19世纪下半叶至20世纪初（1917年）的学校体育发展

19世纪下半叶，随着俄罗斯资本主义经济的建立，学校体育得以蓬勃发展。在此时期，一方面当局坚持“以体育为军事训练服务”为宗旨将体操引入学校，在专门的男子学校教授体操。但是体操课没有统一的教学大纲，没有统一的学校体操系统，教授内容以军事体操为主。另一方面一些具有先进、现代体育教育思想的教育家、体育活动家组建了实验学校，在实验学校中进行体育教育的实践。具体内容包括将体育课列为必修课，课程安排在周四至周六，有的学校甚至每天都安排了体育课。实验学校的体育教学中引入了因材施教原则，以学生身体发展情况为原则进行分组教学与训练，经过几年实践后效果显著。实验学校的体育教学形式中包括正式体育课与课外体育活动，为此学校修建了游泳池、户外操场等体育场所。尽管实验学校数量较少，但是其现代化的学校体育教学思想、学校体育教学模式闪烁着光辉，为俄罗斯学校体育现代化的发展奠定了深厚基础。

20世纪初，在战争形势下，俄罗斯当局试图在中小学引入军事体育课程，但是实际实施效果不佳。1910年，俄罗斯建立了“童子军”，通过一系列身体训练、活动等，不仅促进了学生身体发展，还有助于培养学生良好道德品质。

2. 苏联时期的学校体育

1）第二次世界大战前的苏联学校教育

1917年十月革命后苏联成立，苏联制定了学校体育教育大纲和准备劳动与保家卫国制度。学校体育的教育目的与总体教育目的保持一致，即培养具有共产主义思想的一代新人。学校体育围绕这一目的开展了体育教学，形成了自身的特点。其中学校体育教育大纲和准备劳动与保家卫国制度是重要的学校体育发展里程碑。

---

① 邱凌云. 俄罗斯体育史［M］. 北京：人民体育出版社，2019：41-42.

1927年，义务制教育学校初期体育大纲颁布。此大纲为所有学校的统一和必需的大纲，成为苏联之后学校大纲发展独特的里程碑。大纲针对Ⅰ级学校和Ⅱ级学校编制。Ⅰ级学校大纲包括：体育的目的、任务和方法；自然因素（太阳、空气、水），卫生习惯；户外活动游戏；体操；运动娱乐；体育的医疗和教育检查。Ⅱ级学校大纲包括对大纲的意见和大纲本身的材料：体操、游戏（户外活动游戏和运动游戏）、运动体操和运动、学生的初步教学标准。此大纲更侧重于劳动方向。

1931年，准备劳动与保家卫国制度（即劳卫制）颁布使其成为学校体育结构的纲领性规范基础。在整个苏联时期，学校体育的目的、内容、方法都围绕着劳卫制的要求展开。根据劳卫制系统的结构，学校每个年级的整体大纲分为体操、理论知识、体育组织经验、卫生习惯和教学标准等几大部分。

1932年以后，学校体育更为强调军事身体训练。1940年，苏联在八至十年级学生中每年增设120学时的军事身体训练，1941年，苏联对九至十年级学生提出更严格的要求，突出了苏联应征前军事训练的重要性。1942年，学校体育大纲进行修订，对各年级军事身体训练提出要求：一至四年级军事身体训练的主要任务为培养年轻一代对祖国的无限热爱；在教学形式上，提出通过体操和军事化游戏促进学生发展，培养学生勇敢、灵活等品质。五至七年级军事身体训练的主要任务为掌握“训练单个士兵”大纲。八至十年级应征前训练的主要任务为完善单个士兵训练，其相对前一学段在队列、射击、战术和防化保护方面教学内容更加复杂和有难度。

2）第二次世界大战后的苏联学校体育

第二次世界大战中，苏联为保家卫国其各方面遭受重创，体育包括其中。第二次世界大战结束后，苏联为提升国际地位与发展国民素质，注重竞技体育和群众体育的发展，还对学校体育进行了相应改革。1954年，苏联国家教育部重新制定了体育教育大纲，包括重新划分了体育运动项目，其中将体操与田径列为独立部分。数年间，学校体育课外、校外体育活动蓬勃发展，学校体育小组不断建立。学校体育得到初步恢复与发展后，苏联于1959年起采取了一系列措施提升质量，包括重新修订学校体育教学计划，具体修改内容包括：强调球类运动；提升体育小组和运动学校的作用；加强对学校内与体育相关的文化活动的监督。同时，体育场馆、体育设施得以进一步升级、改造，保证了学校体育及相关体育活动的开展。

1960年3月，国家教育部颁布了一至八年级新的教学计划和大纲，其为每个年级规定了训练任务，对体育教育的内容和结构进行了调整，并强调综合体育的重要性、重视课外体育活动。20 世纪 60 年代后，全苏各类丰富的体育活动不断开办，如“欢乐的海豚”（1962 年）、“金色冰球和皮球”（1964 年）、“奥林匹克希望”（1965 年）、“健与美”（1966 年）等，极大强度地吸引了学生兴趣，提高了学生参与体育运动的强度，成为学生参与体育活动的重要方式之一。

社会的发展要求学校体育进一步发展。1975 年国家教育部进一步修改了体育教育内容，在高年级引入新运动项目，并强调高年级教育内容应与应征前身体训练相联系。走出课堂，在学校课余体育活动方面，1976 年开始，“希望的起点”体育比赛开始创办，每年召集全国小学生参赛，包括田径、球类、体操、游泳、滑冰等项目，丰富多样。但与此同时，繁重的比赛任务也加重了学校体育教师与学生的负担。

20 世纪 70 年代末，学校体育简化了“体操”和“古典式摔跤”的相关内容。80 年代初，苏联重新颁布了四至十年级学校体育例行大纲，与之前相比，大纲的变化包括：① 将“自主课技能”和“科目之间的关系”列入授课内容。“自主课技能”指对体育理论课与实践课的具体要求；“科目之间的关系”指体育课之间的关系以及体育课与其他科目之间的关系。② 增加体育理论。③ 将足球置于运动游戏中加以教授。④ 微调体育运动形式。

20 世纪 80 年代初，苏联学生身体素质欠佳并呈继续下降趋势，因此苏联修订了体育教育大纲，增加了体育课课时，规定学校应当每天开展体育课与体育课外活动，并规定了发展学生体质的内容。80 年代中期，教育部明确提出了学校体育教育保健问题，并于 1985 至 1986 学年采用“普通教育学校一至十一年级学生体育综合大纲”。此大纲延长了跑步、滑雪等项目的距离，并补充了军事实用体操。80 年代末至苏联解体，学校体育无较大改革。

3. 苏联解体后俄罗斯的学校体育

苏联解体后，俄罗斯联邦于 1992 年颁布了《一至十一年级学生发展运动能力的体育》——新的学校体育教学大纲。该大纲与苏联时期大纲相比，有以下不同。第一，不再以“劳卫制”作为基础进行学校体育设计与教学；第二，大纲内容分为基础与可变两部分。1996 年，俄联邦颁布了普及义务教育计划——《一至十一年级学生体育》，包括《单个项目（篮球）一至十一年级学生体育大纲》《一至十一年级学生体育综合大纲》《一至十一年级学生体育大纲》《舒缓柔美体操》，同时补充了《八年级奥林匹克运动会知识基础》。《一至十一年级学生体育综合大纲》规定了体育课的基本内容、课外体育活动的运动措施以及关于各年级课内外占比的建议。此时期俄罗斯学校体育已打破了过去的体育教育格局，体现出了灵活性与自主性的特征。

二、学校体育的思想变迁

（一）体智融合：学校体育萌芽与产生时期的学校体育思想

自17世纪彼得大帝改革后，体育得到了蓬勃发展，各界思想家、教育家纷纷产生了对体育的思考，其中包括许多有关学校体育的主张。

教育家、社会学家塔吉舍夫强调人的身体和智力发展相互关联、同等重要，是俄罗斯最早提出二者同等重要的教育家之一。教育家别茨科威克强调体育运动中人的身体和智力并相发展，体育的目的是自由、游戏、娱乐，教育应使人的体格健康强壮、智力发展，并达到完美统一。军事卫生学教授穆德诺娃在其著作《军事卫生对象和益处或保持军人健康的学问》中提出体操训练可以预防疾病。普罗塔索夫于1765年提出健康体育的思想，并曾作“儿童体育”和“保持健康的必要运动”报告。著名教育家诺维科夫对身体、道德和智力培养问题深入研究，并指出游戏、散步和儿童生活学习的卫生条件是体育的重要内容。社会学家、教育家拉吉舍夫致力于培养成长中的青少年，将青少年培养成爱国主义者，其中体育同智育、德育具有同等重要的地位。同时，他认为系统化的体育与劳动教育密切相关。别林斯基和赫尔岑认为体育在全面教育中具有十分重要的地位。他们认为教育的最终目的是全面发展个性，体育也应服从这一目的。此外，他们认为儿童体育教育应当从家庭教育开始，并逐步培养孩子发展力量、灵活、勇气和其他身体与道德品质。在体育教育手段上，他们主张采用民间游戏尤其是集体游戏和体操的教学方式，“儿童集体游戏具有无法替代的作用，无论对正在成长一代身体的发展，还是对道德培养、社会追求和习性的发展都是如此”[①]。

（二）科学化与全面性：学校体育发展时期的学校体育思想

19世纪下半叶，随着俄罗斯资本主义的建立与发展，生理学、医学得到了不断进步，进而建立在生理学、医学基础上的学校体育也得以进一步发展，体育教育理论不断产生。

---

① 邱凌云. 俄罗斯体育史［M］. 北京：人民体育出版社，2019：44.

著名教育家车尔尼雪夫斯基从美学与教育学相关联的角度提出教育的目的是培养健全、高尚和诚实的人。在教育过程中应当首先关注把孩子培养为完整的人，"完整"即指身体健康、智力健全、道德高尚，而身体健康则需要进行体育锻炼。

教育家杜勃罗流波夫提出人的精神发展应与身体发展相统一，身体发展是不同程度思想表现的前提，因此教育的主要目标是学生身体健康，身体健康是促进完整思想活动的因素。他指出现实教育中学校及家长忽视了体育的重要性，过分关注学生智力教育与发展，因此他提出在俄罗斯学校内部引入科学体育体系。

车尔尼雪夫斯基和杜勃罗流波夫的体育观点引起了社会对学校体育的关注，进而促进了学校体育的进步与发展。

体育活动家波克罗夫斯基认为学校应当改变错误的体育教育方式，而采用巩固和发展学生身体健康的方式，诸如户外活动游戏。

波克罗夫斯基的追随者著名医生捷梅季耶夫同样认为游戏是学校体育的重要教育方式，并在其著作《体操还是游戏？》中通过进一步对比体操和游戏阐述了游戏活动对于学生发展的重要性。

俄罗斯教育奠基人乌申斯基首次证明了体育在学生培养过程的重要意义，并提出体育是学生全面发展的重要组成部分，但体育本身并不是目的。

在此阶段，学校体育得到了社会各界人士的高度重视，学校体育思想体系正在逐渐形成，学校体育教育体系正在得以进一步发展。

苏联成立后，马卡连柯、凯洛夫、赞科夫、苏霍姆林斯基等教育家、政治家在马克思主义思想的基础上进一步发展了体育思想。马克思主义体育观的核心思想是人的全面发展学说，人的全面发展离不开体育。苏联著名教育家马卡连柯提出体育的作用在于育身，应当把体育置于学校工作的首位，通过体育活动与游戏的教学方式实现学生全面发展与个性发展，此外还应当加强劳动教育以促进体育发展。凯洛夫认为体育应当为政治服务，并提出教师、学校校长和父母应了解与关注学生身体发展的特点，强调身体锻炼与体操在学生发展中的重要性。赞可夫提出全面和谐发展的体育教育观，提出体育是全面和谐中的重要组成部分。苏霍姆林斯基认为应当注重体育与智育、德育、劳动教育的统一与协调发展，"体操与运动对于儿童、少年、青年的身体发育和精神状态起着很大的作用。然而，只有在整个教学和教育工作中对学生的健康、对他们的身体和精神的和谐极为关注的情况下，这些活动才能起到重大的作用"[①]。

---

① 蔡汀，王义高，祖晶. 苏霍姆林斯基选集（五卷本）：第 1 卷［M］. 北京：教育科学出版社，2023：263.

同时，在不同领导人当政时期，也不断以马克思主义体育思想为基础发展学校体育思想。列宁在此基础上进一步提出了体育的目的和功效，即体育不仅具有个体发展功能，还具有为国家服务的政治功能与社会功能。斯大林时期，体育的社会功能与政治功能被进一步巩固和加强。20 世纪 50 年代，美苏冷战不断升级，甚至将体育列入竞争领域之一，因此体育服务于政治的思想进一步发展。体育被用于共产主义思想政治教育中对青少年进行爱国主义、集体主义和共产主义教育，并作为国家任务来对待，同时这种思想贯穿整个学校体育始终。在此阶段，体育的政治服务功能不断被强化，逐渐形成了体育工具论思想。后随着苏联于 1991 年解体，该思想也随之弱化。

俄罗斯联邦成立后，于 1993 年颁布了《俄罗斯联邦体育运动立法原则》，运用法律引导体育发展，强调体育的价值在于促进个体的发展，激发个体潜能，挖掘个体发展价值。但随着俄罗斯国力的逐渐增强，其体育服务于政治的思想又重新被强化。

三、学校体育的改革与发展

（一）2001 年至 2010 年俄罗斯学校体育的改革与发展

进入 21 世纪后，随着俄罗斯经济的复苏，体育逐渐恢复了发展，在相关政策要求下，逐渐形成了完整的学校体育教育体系并开拓发展。

俄罗斯联邦于 2000 年发布了《俄罗斯联邦国家教育论纲》。该政策从宏观层面对全国教育提出总括性要求，其中包括：教学过程的组织是随着现代科学成就的发展而变化的，教育各个层面的不断革新都反映了文化、经济、科学技术领域的发展；要保持人的一生中教育的连续性；教育机构的类型和形式的多样性以及教学大纲的多元性，都是为了保障教育的人性化和个性化；保证教育水平提高和教育阶段发展的连续性；推广教育信息技术在普通教育及开放教育发展中的应用；提高学生学习能动性；教育工作者在天才儿童与青少年的活动中强调发扬民族传统。落实到学校体育层面，学校体育以此为基础进行了加强学段间体育教学连贯性、加强民族传统体育、发扬儿童体育个性等方面的改革。

俄罗斯于 2001 年通过了《俄罗斯教育现代化方案》，该方案特别强调学生心理优化和体能运动，要求在学校中创建维护和促进学生身心健康的条件，其中包括：适当地减少教育内容；运用有效的教学手段；提高体育活动的比重和质量；

组织监测儿童和青少年健康状况；改善学校中学生的饮食情况；合理规划儿童和青少年的休闲活动、休假时间和夏令营；提供差异化和个性化的教育，在学校多样化和教育方案可变性的基础之上，确保国家教育标准的实施；更加充分地利用艺术的道德潜能，使其作为形成个性精神理想与道德原则的方法。可见，俄罗斯逐渐加强了体育课、体育锻炼的比重，并向不断加强学校体育地位的趋势发展。

之后，相关更为具体的政策相继颁布。俄罗斯联邦于2004年颁布了《关于小学、中学与高中普通教育国家教育标准（联邦部分）》，其中分别对小学、初中、高中各阶段学校体育的任务做出了具体要求，内容包括：普通学校教学计划中体育基本教学内容，毕业生所需要达到的水平，学业负担和学习时间；体育学科的教学目标和教学内容，各年级体育教学内容之间的连续性；体育教学计划的国家和地方双重标准；体育课程、教材和其他教学材料允许的范围；体育设计教学单元的具体化、规范化；体育教材内容的合理联系和与教学要求的逻辑性。

2007年出台的《俄罗斯体育与运动法》中指出，各级教育机构因地制宜，根据学生的兴趣，根据国家教育标准和体育课程标准，自主确定体育教学形式、体育教学方式、体育活动内容以及课程的时长与项目等，重点强调“自主性”和“按需制定”，并且增加了对学生的身体素质和身体发育进行年度监测等内容。

2010年，俄罗斯颁布了《俄罗斯联邦国家教育标准》，其中提出了对学校体育的目标要求，关于基础教育阶段的学校体育目标为：要求学生掌握关于体育文化对于加强人类健康（身体、社会和心理）的重要性，关于它对人类发展（身体、智力、情感、社会）的积极影响，关于体育文化和健康作为促进人类健康因素的初步形成以及社会化的过程；要求学生掌握体育活动（日常、晨练、文娱活动、户外运动等）的技能；要求学生掌握系统观察自身身体状况、体能、健康监测数据（身高、体重等）、基本身体素质发展指标（力量、速度、耐力、协调性、灵活性）的技能的形成。

（二）2011年至今的俄罗斯学校体育发展

2011年后，俄罗斯根据其青少年体育参与率低、体质差等学校体育发展中存在的具体问题，进行了针对性改革，以提升其学校体育的发展质量。

2013年，《俄罗斯联邦2013—2024年体育发展战略》问世，其中对俄罗斯未来十年的各个方面的体育发展做出了详细的规划和要求，提出到2025年学校体育发展的任务：到2020年，系统从事体育运动的学生占学生总量的比例提升到80%；提高俄罗斯联邦学生完成全俄体育综合体“劳卫制”（GTO）测试标准的比例，在全日制学生总数中，参加俄罗斯体育综合体“劳卫制”（GTO）标准测试的人数到2020年要达到70%；增加学校的体育俱乐部数量，增加学生参加课外体育锻炼的人数。

2018年，《关于俄罗斯联邦2024年国家发展目标和战略任务》的第204号总统令规定了为所有类别和群体创造体育文化和体育活动条件的任务，为了使有系统地参加体育文化和运动的公民比例增加到55%，政府采取了一系列措施，并通过实施联邦和区域项目“体育——生活准则”，国家项目“人口统计”和联邦项目“每个儿童的成功”，确保实现国家目标和指标，并完成体育和体育领域的任务。

2020年，俄罗斯对2013至2020年间的体育工作进行了统计分析，统计结果发现，在俄罗斯有一部分地区的青少年体育参与率与全国平均水平有很大的差距，因此，俄罗斯于2020年发布了《到2030年俄罗斯联邦体育运动发展战略》，其中提出了增加这些地区的青少年体育参与率是国家当局的重要任务和目标之一。并提出，要完善儿童和青少年的体育训练体系；为学生和学校体育的发展创造条件；提高运动员在体育训练每个阶段的开发、选拔和陪同系统的效率；随着实验和创新活动的发展，建立科学方法、医学生物和医疗体育支持的跨部门集群体系；发展体育训练、学校体育和体育医学领域方面的人才储备的培训和继续教育体系。文件中还指出，要将体育和教育部门联合起来，构成一个统一联合的体育与教育空间，旨在促进儿童和青少年在学校体育方面的发展，确保各级教育和体育运动的连续性和相关性。除此之外，还提出建立基础设施，发展儿童和青少年、学校和学生体育（包括考虑到残疾人和残疾人的需要），包括儿童早期身体发育中心及联邦儿童体育和健康中心；提高青少年体育活动的参与率，到2030年达到90%等目标。

第二节　学校体育的结构、功能与目标

一、学校体育的结构

（一）体育课

俄罗斯普通教育阶段学校体育课包括体育文化、体育与卫生健康、运动技能

知识与训练、针对某项目的体育训练等内容，此外还专门开设了生命健康教育课程。俄罗斯学校体育课是学生必修课的重要组成部分。

（二）体育课外活动

俄罗斯学校课余体育是在体育教师指导下，结合学生的身心发展特点、学生意愿及家长意愿所开设的旨在提升学生体质、增强学生对于体育的兴趣、培养学生综合素质的学校体育过程。主要包括课前操、课间操、体育兴趣课、校内或校际比赛、体育俱乐部开展的体育教学与活动等，其中体育俱乐部是俄罗斯学校课余体育的主要开展形式。

（三）体育课外训练与竞赛

俄罗斯学校体育课外训练包括基本的田径训练、体操训练等，也包括根据地区情况设置的滑雪训练，还包括学校根据自身情况设置的校本课程训练等。俄罗斯课外竞赛具有悠久的历史传统，包括各项目自身每年举办的国家体育竞赛以及由体育俱乐部、教师或学生自发组织的体育竞赛。体育竞赛对激发学生体育运动热情、培养与选拔体育人才起着重要作用。

二、学校体育的功能

（一）个体发展功能

1. 增进健康

这是俄罗斯学校体育的基本功能，也是各国学校体育的基本功能。俄罗斯自设置体育目标起，即1931年《劳卫制》中关于学校体育的要求，便体现出学校体育加强人民身体素质、提高人民劳动能力的显著功能。此后随着社会与教育的不断发展，学校体育功能由一元化向多元化发展。

2. 实现人的全面发展

俄罗斯学校体育在提升学生体质基础上，通过课程与课外活动安排，促进学生了解关于体育文化对于加强人类在身体、社会、心理等方面健康的重要性，及其对于人类在身体、智力、情感、社会等方面发展的积极影响，同时扩展至了解关于体育文化和健康作为促进人类健康因素的初步形成以及社会化的过程。此外，学校体育通过课程及活动安排组织学生参与体育锻炼，磨炼学生意志，塑造学生品格，在多重方面促进个体德智体美全面发展。

（二）社会发展功能

1. 美育功能

俄罗斯学校体育自小学五年级开始设置体育美育课程，旨在培养学生对运动美、动作美与身体美的正确认识。通过体育美育课程，树立学生对于体育美的正确价值观，激发学生对于体育美的追求，从而参与体育运动，培养个人体育能力，实现运动与美的有机结合，间接地促进学生身体发展，促进社会审美文化的提升。

2. 军事防卫功能

军事防卫功能是俄罗斯学校体育较为独特性的功能。《劳卫制》中明确提出通过学校体育提升人民的劳动效率，加强国家军事防卫能力。此后，这一功能主要表现为通过学校体育增强国家青少年身体素质，通过几代学校体育实现国家整体公民素质的显著提升，以提高国家军事防卫能力。由于俄罗斯青少年自小接受国家军事知识教育，俄罗斯士兵综合素质在世界名列前茅。

3. 社会和谐发展功能

俄罗斯学校体育通过合理、恰当的学校体育及课外活动安排，有效提高了学生课外时间的利用率，降低学生反社会行为发生率。此外，俄罗斯通过为残疾儿童、心理健康状态异常青少年及孤儿等特殊儿童青少年以特定组织形式开展学校体育活动改善解决特殊青少年的身心健康问题，促进社会和谐稳定发展。

三、学校体育的目标

学校体育目标是国家学校体育的价值追求与归宿，是学校体育工作开展的思想基础。从层次上看，分为学校体育总体目标与具体目标；从结构上看，分为各阶段学校体育目标，下面从俄罗斯学校体育目标发展脉络上简介俄罗斯学校体育目标。

（一）俄罗斯学校体育总体目标发展脉络

俄罗斯学校体育起初与体育训练相结合，无自身独立目标。1931 年，《劳卫制》的正式颁布标志着俄罗斯学校体育目标的首次设置，其规定了学校体育的目标，即通过加强体育锻炼与提高身体训练水平，来提高人民的劳动效率和军事防卫能力。可见，此阶段学校体育目标与国家政治具有密切的联系。此后，《劳卫制》分别在 1939 年、1946 年、1955 年、1959 年、1972 年、1985 年经历了六次大改革，最终于 1991 年废止。

1992 年，俄罗斯联邦成立后，《俄罗斯联邦教育法》出台，《俄罗斯联邦教育法》未对学校体育目标做出明确规定，但是指出各地可根据地方情况设置体育课程、体育教学的方式，这给了各地一定的学校体育自主权。

2002 年，俄罗斯颁布《2010 年前俄罗斯教育现代化构想》，提出由于青少年课外活动与空闲时间安排不当，青少年反社会行为发生率增加，因此学校及相关教育部门应当从课外活动入手缓解这一现象。可见，此阶段学校体育的目标增加了促进学生身心健康全面发展的内容。

2010 年，《俄罗斯联邦国家教育标准》颁布，其中对于学校体育目标做出了明确规定。2021 年 7 月，俄罗斯联邦司法部核准了教育部初等和基础普通教育联邦国家教育标准的文件。该文件进一步强调学校体育应当建立提升正确价值观的目标。

（二）俄罗斯学校体育目标

当前，俄罗斯学校体育基于国家发展要求、学生身体发展特征，建立了以下总体学校体育目标，包括：通过学校体育课程、活动增强学生整体体质，掌握与身心发展阶段相适应的体育健康知识、运动知识与技能，培养学生锻炼身体的自觉性与积极态度，养成积极健康的人生观，促进身心和谐发展。详细内容如下。

1. 巩固健康，增强学生身体素质，促进身体和谐发展

巩固健康，理解并掌握简单的个人健康知识以及与此相关的卫生知识与卫生生活制度，充分理解身体锻炼对健康的积极作用并进行体育锻炼，改善与保持身体姿态，预防扁平足，提高对不良外部环境的适应性与稳定性，培养健康的生活方式，养成良好的个人卫生习惯，促进身体和谐发展，从而巩固健康，增强抗压能力。

2. 掌握体育运动知识与运动技能，发展运动能力，认识体育对未来活动的意义

了解合理地进行运动活动和从事体育锻炼的知识，形成并巩固进行体育锻炼的规律性，合理地选择体育项目并通过适当的训练掌握与之相对应的运动技能，发展包括力量、速度、耐力等运动能力，加强身体稳定性。

3. 加强纪律性、责任感、合作能力等良好素质的发展，促进身心和谐发展

在体育锻炼中促进诚实、勇敢、自律等良好品质的塑造，培养信心、忍耐力、自制力，加强纪律性、创造性、独立性和责任感。与此同时，促进认知、记忆、思维等心理过程的发展，建立正确的自我评价观、道德观、世界观和集体主义观。

第三节　体育教学

一、体育教学目标

体育教学目标是整个大的学校体育目标体系下在各个阶段的具体目标，它结合学生的身心发展规律设置。俄罗斯学校体育依据三个水平分别设置了不同的教学目标，在每个阶段对学生所应达到的发展水平做出了明确表述。

（一）1 至 4 年级体育教学目标

1. 了解和具有的知识

体育的历史沿革及各个时期的特点；个体身体运动过程中的方式与生理、心理各个方面的特点；在体育锻炼中身体各器官的作用；掌握准确动作术语及其基本内涵；身体素质方面的知识以及身体素质检测的基本原则；与个人、公众相关的卫生与健康知识以及身体锻炼的正确方法；运动过程中造成受伤的原因以及预防受伤的措施。

2. 具备的能力

科学组织早操与进行身体锻炼，养成正确的体态；根据身体发展特点以及个体身体独特性进行规律性身体训练；在体育课以及课外体育活动中能够与同学进行良好合作完成相应任务。

3. 掌握的运动技能和运动技巧

（1）周期性和非周期性技能：包括走跑跳等基本动作、不同的起跑姿势、10 分钟匀速跑、60 米快速跑、7 至 9 步助跑跳远、跨 3 至 5 步障碍跑、侧面 7 至 9 步助跑、25 米游泳、跳高、跳起旋转 180 至 360 度。

（2）投掷技能：以不同姿势投掷 150 克重球；从不同的位置抛或投重 1 千克

填充球；在规定的距离将小球抛入篮中。

（3）体操与技巧：不同幅度、频率、节奏的走、跑、跳；完成大纲推荐的队列练习；采用基本的姿态进行手臂、腿的配合。

（二）5至9年级体育教学目标

1. 了解和具有的知识

自身选择运动项目的历史与发展状况；自身进行体育锻炼时身体系统的生理学原理；自身所处身心发展阶段的生理解剖上的特点及心理过程特点；自身进行机体适应性监测的方法以及独立完成体育训练的方法，正确地使用运动器械和设备的方法，简单运动场地和设施的使用方法，运动外伤检查与简单医疗处置方法。

2. 具备的能力

掌握所选项目的运动技能；通过独立训练或锻炼，增强身体素质；根据自身情况制定恰当的运动训练计划，并能够在训练过程中检查与调整自身状态，使身心保持良好状态；有效控制与调节自身情绪；与他人合作，掌握社交礼仪与技能；掌握训练安全规则；专业使用运动器械和设施。

3. 掌握的运动技能和运动技巧

（1）周期性和非周期性技能：包括低姿势起跑的 60 米快速跑、匀速跑、50 米游泳、9 至 13 步助跑的跳远、9 至 13 步助跑。

（2）投掷技能：原地掷 150 克重小球，助跑 10 至 12 米掷 150 克重小球，以 4 种助跑节奏掷 150 克重小球，原地向水平和垂直方向 10 至 15 米目标掷 150 克重小球，助跑三步向水平和垂直方向 10 至 15 米目标掷 150 克重小球，原地向 10 至 12 米远目标快速掷小球。

（3）体操与技巧：完成由 4 个姿势组合的动作，男孩在单杠上完成，女孩在高低杠上完成；支撑跳山羊；手持球完成 6 个姿势的组合动作或者完成 6 个体操动作组合而成的成套动作，完成 4 个技巧动作组合的成套动作，包括前滚翻和后滚翻，头手倒立，长滚翻（男），前（后）滚翻半劈腿，单腿跪桥和转体单腿支撑（女）。

（4）单人对抗项目：掌握跪撑摔跤和站立摔跤技术，并进行练习（男）。

（5）球类运动项目：进行一种规则简单的球类运动。

（6）身体训练水平：达到的水平应该不低于标准要求的中等身体训练水平，应考虑学生的个人能力和地域发展水平。

（7）掌握的体育保健方法：独立完成发展速度、耐力、力量、柔韧的身体练习；在完成活动时遵守自我监控和安全的规则。

（8）掌握的竞技运动方法：参加一个田径运动比赛项目（60 米跑、带助跑的跳高或跳远、投掷、耐力跑）；参加一个运动竞赛项目。

（三）10 至 11 年级体育教学目标

1. 了解的知识

体育在人类发展与社会发展中的作用；奥运会的思想及其对于世界诸如社会、体育等各方面的意义；体育运动对身体健康发展、良好身心习惯养成、发展健康生活方式的意义。

2. 遵守的规则

保持个人卫生，坚持锻炼身体；坚持独立自主的组织实施身体练习，进行运动锻炼；在集体活动与竞赛时相互配合，遵守行为守则；预防运动外伤，发生外伤及时进行救治；进行身体练习时能够正确使用运动器械。

3. 掌握的运动技能和运动技巧

（1）投掷技能：原地、助跑 12 至 15 米、以 4 种助跑节奏投掷不同质量和形状的器械（手榴弹、加重的小球、橡胶棒等）；向水平方向 10 至 12 米远（女）和 15 至 25 米（男）的目标（2.5 米×2.5 米）投掷不同质量和形状的器械，向垂直方向 10 米（女）和 15 至 20 米（男）的目标（1 米×1 米）投掷网球。

（2）体操与技巧：在双杠和单杠上完成由 5 个姿势组合的动作（男），在平衡木和高低杠上完成由 5 个姿势组合的动作（女）；支撑分腿腾越木马（高 115～125 厘米）（男），完成绳、圈、带的动作组合（女）；完成 5 个技巧动作组合而成的成套动作，包括鱼跃前滚翻（跃过高 90 厘米的障碍）、手倒立、侧手翻和其他已经掌握的动作（男），完成以前掌握的 5 个技巧动作组合（女）；不借助脚爬两根绳和借助脚的帮助快速爬一根绳（男），完成徒手动作组合（女）。

（3）单人对抗项目：进行一个单人对抗项目的教学比赛（男）。

（4）球类运动项目：在球类运动或者在专门的综合性练习中表现出基本的技术、战术行动。

（5）身体训练水平：达到的水平应该不低于中等身体训练水平，同时，应考虑学生的个人能力和地域发展水平。

（6）掌握的体育保健方法：采用不同形式的身体练习方法达到自我完善、组织休闲及健康生活的目的；修正身体发展缺陷，自我监控和自我调节生理状态和心理状态。

（7）掌握的竞技运动方法：参加一个田径运动比赛项目——60 米跑、跳高或跳远、掷球、耐力跑。

整体上看，俄罗斯学校体育教学目标涵盖多方面内容，并根据各阶段学生身体发展及其规律进行了明确规定。内容上，俄罗斯学校体育目标层层递进，相辅相成，同时不仅包括体育领域，还包括掌握跨学科的内容与体育课程的交叉部分，其扩展到学生人格等多方面，为学生的个性发展创造了条件，体现了学校体育多元化育人目标。

二、体育教学设计

体育教学设计是确保体育教学效果的重要环节，良好的体育教学设计有助于保证教学效果。体育教学设计包括体育教学目标、重难点、教学方法、教学环节与时间分配、教学评价设计等，下面对俄罗斯学校体育教学设计情况做简要介绍。

（一）俄罗斯体育教学设计的原则

1. 系统性原则

体育教学设计是一个层次清晰的完整系统，包括学期体育教学设计、单元体育教学设计、课时体育教学设计等。俄罗斯体育教学设计具有鲜明的系统性，下一层次在进行体育教学设计时以上一层次体育教学设计为依据，有助于国家学校体育目标的落实。

2. 规范性原则

俄罗斯体育教学设计按照国家体育课程标准、体育教学大纲中的要求规范制定。

3. 灵活性原则

俄罗斯最新《国家教育标准》指出课程分为必修部分与可选择部分。在可选择部分，学校体育教学可根据地区情况、学校情况、学生情况灵活进行体育教学设计。

（二）俄罗斯体育教学设计的内容

俄罗斯体育教学设计系统性强，包括体育教学目标设计、体育教学重难点设计、体育教学方法设计、体育教学策略设计、体育教学环节与时间分配设计、体育教学评价设计等。

（三）俄罗斯体育教学设计的步骤

1. 体育教学设计的分析阶段

1）分析体育课程标准

《1—11 年级学生综合体育课程（修订版）》中确定了体育课程的总目标是促进健康，促进身体和谐发展；学习重要的运动能力和运动技巧；发展身体的运动协调能力；获得必要的体育与运动知识；培养独立锻炼的能力，并能自主地将其运用于娱乐、锻炼、提高工作能力和促进身体健康等方面；促进道德和意志品质的教育，发展心理和个性。同时划分了三个不同水平阶段的独立教学目标，并在每个阶段都对学生应达到的身体素质水平目标做出要求。该标准考虑到了俄罗斯联邦整体学生的学情，并依据学科内容的连贯性进行了统一。分析体育课程标准有助于把握体育教学的基本方向。

2）分析学生学情

由于俄罗斯将体育课分为必要的部分和可选择的部分，同时俄罗斯联邦各地区学生身体素质、体育活动参与率有一定差异，因此分析学生身体素质、体育运动技能水平以进行体育教学设计是体育教学设计的必要环节，有助于加强体育教学设计的可操作性，提高体育课的实施效果。

3）确定学生应当达到的目标并对其进行表述

此环节即将前两阶段确定的内容转换为学生具体需掌握的各方面体育知识、运动技能，需形成的能力及人格品质。将学生应当达到的目标具体化，直接把握了体育教学设计的内容、方法、组织方式等。

2. 体育教学设计的决策阶段

1）确立体育教学重难点

依据设置的体育教学目标，将其中必须掌握的内容或必须掌握的运动技能定为体育教学的重点，将难以实施的部分定为体育教学的难点，结合学生的学情、教师自身的教学能力、学校可提供的资源与设施等对此部分的教学进行内容、策略、预计效果的设计。

2）确立体育教学策略

体育教学策略依据教学内容、学生学情、教师能力、学校资源等方面确立。在俄罗斯，除了语言传授策略、运动技能展示策略、练习策略等一般策略外，自主学习、探索学习等策略也是着重选择与实施的策略，对提高学生学习积极性、增强体育对人格全面发展的效果具有重要作用。

3）确立体育教学的环节与时间分配

在俄罗斯，体育教学环节分为上课、整队、热身、正式环节等常规部分。在确定体育教学目标、体育教学内容、体育教学策略后，将各部分进行时间的统筹规划管理。

4）确立体育教学的评价方式

根据教学目标、教学内容、教学方法确定不同的教学评价方式，常见的俄罗斯体育教学评价方式包括：围绕体育教学目标的实现程度开展的教学评价、围绕学生发展的发展性评价方式、依据不同学生层次开展的分层评价方式等。

3. 体育教学的评价阶段

《1—11 年级学生综合体育课程（修订版）》中规定了俄罗斯各个年级段需要掌握的内容，与小初高中毕业生均要达到其中所规定的最低标准。除了基本的体育理论知识、运动技能和身体训练水平，学生还需要在学期的学习中进行对自我体育练习效果的监督评价。

三、体育教学过程与原则

（一）体育教学过程

1. 体育教学过程要素

1）体育教师

体育教师是体育教学过程的指导者与组织者。在俄罗斯除了学校正式体育教师，还包括学校体育俱乐部教师、教练等。

2）体育学习者

学习者是体育教学过程的主体。俄罗斯联邦成立后，逐渐形成了以学生为中心的体育教学模式。在体育教学过程中，针对学生身心发展规律，结合学生“最近发展区”设置相对应的课程。

3）体育教学内容与媒介

俄罗斯体育教学教材内容丰富，包含体育文化、卫生与健康知识、生命安全教育、运动技能等内容；体育媒介包括体育教学方法与手段、体育教学场所等内容。俄罗斯学校体育教学方法与手段多样，包含讲授法、活动法、实践法等；俄罗斯体育教学场所较为开放，社会支持力度大，向学校开放大量场所，形成了良好的合作机制。

2. 体育教学过程的特征

1）强制性

俄罗斯学校体育分为必修部分与可选择部分，前者为俄罗斯学校所有学生必须学习的知识与必须习得的技能，后者为各地区、学校根据自身情况灵活设置的内容。但是这两者都具有强制性，即各级各地学校均要实施开展。

2）综合性

俄罗斯学校体育除了正规体育课程，还包括综合体育活动、课外体育活动、课外体育锻炼、课外体育训练与竞赛等，并与社会相关部门合作，以及创办家长开放日等形式，形成了学校、家庭、社会相互合作共创的综合性学校体育过程体系。

3）开放性

俄罗斯学校体育除了校内开展的体育课、体育活动，校外体育俱乐部、体育竞赛等也是重要的学校体育形式。俄罗斯学生体质健康标准对学生的体育锻炼时间具有严格要求，学生仅通过校内体育课与校内体育活动难以达标，因此校外体育俱乐部、体育竞赛是学校体育的重要形式。学校体育设施场馆有限，而社会体育场馆、高校体育场馆提供了大量支持，介入性较强，并在多年的发展中形成了稳定的体系。

4）多样性

俄罗斯学校社团、活动类型丰富，且学生可根据自身兴趣进行选择。在俄罗斯，每天下午 2 点后，学生可自主选择感兴趣的社团参与活动，其中社团大都需要学生进行实践练习。每年寒暑假期间，俄罗斯学校会举办夏令营或冬令营活动，以锻炼学生身体素质，提高学生的社交能力等。

（二）体育教学原则

1. 学生主体性原则

俄罗斯学校体育强调将学生置于主体地位，这也是世界各国体育教学的发展趋势之一。一方面，俄罗斯学校体育紧密结合学生身心发展规律制定了体育课程标准，以有的放矢地进行教学；另一方面，近些年来，俄罗斯逐渐减少了教师授课时间，大量提升了学生通过动手、实践等获得体育知识以及通过训练获得运动技能的时间与机会，提升了学生体质。

2. 身心和谐发展原则

俄罗斯学校体育强调体育与文化并重，开设了生命安全课程、体育美学课程等与体育相关的文化知识课程，并强调通过体育课、体育活动为学生智力发展提供物质基础，培养学生忍耐力、沟通能力等良好品质，促进学生身心和谐全面发展。

3. 理论与实践相结合原则

俄罗斯教学中既包括教师通过讲授法对卫生与健康知识、体育文化知识、动作知识等理论知识的授受，还包括学生的运动技能练习、综合实践活动等实践。

四、体育教学方法

体育教学方法是在体育教学中教师与学生为了实现体育教学目标所采取的方法。在俄罗斯学校体育教学中，体育教学方法既包括传统的语言法、直观法、练习法等，也包括现代的自主学习法、合作学习法、探究学习法等。

（一）语言法

语言法是指在体育课或体育课余活动中，教师通过语言向学生传授知识、传递信息、实施口令的教学方法，是俄罗斯学校体育中最为普遍、基本的教学方法，包括讲解、口头指令、口头评价、口头汇报等。

（二）直观法

直观法是指在体育课中教师调动学生视觉、触觉、听觉等感官向学生传授知识，进行动作技能展示的教学方法，是俄罗斯学校体育中基本的教学方法，包括动作示范、模型展示与演示、视频放映、定向与领先、助力与阻力等。

（三）练习法

练习法是指在体育课或体育课余活动中，学生在教师指导下进行动作技能练习，以掌握运动技能与技巧的教学方法，分为集中练习与分散练习等形式。

（四）游戏法

游戏法是指体育教师与学生通过设计，在规则允许的范围内进行活动完成任务的教学方法。游戏法在低年级学校体育教学中更为常见且高效，能够有效调动学生体育活动参与热情，培养学生的运动能力。

（五）竞赛法

竞赛法是指通过体育竞赛组织学生进行体育训练的方法。俄罗斯体育竞赛丰富，能够有效调动学生进取心，不断提升自身运动技能。

（六）自主学习法

自主学习法是指学生在体育教师指导下，根据自身实际情况制定学习目标并通过练习、训练等方式实现目标的学习方法。由于学生自身体质、肌肉条件等情况不同，为达到教学所规定的目标，往往结合自身情况进行自主学习。自主学习法对于满足学生的个性化发展需求具有进步意义。

（七）合作学习法

合作学习法是指学生为了实现学习目标通过分工合作的方式进行学习的方法。俄罗斯近年来注重在综合体育活动、生命安全课程中采用合作学习法进行授课，以促进学生沟通能力、合作能力的发展。

（八）探究学习法

探究学习法是指在体育教师的指导下，学生通过自定主题、搜集资料、整理资料等方式掌握体育相关知识、习得体育运动技能的教学方法。俄罗斯多所学校通过大单元授课的方式，引导学生在模块体系下进行探究学习，取得了良好效果。

五、体育教学评价

（一）俄罗斯学校体育教学评价发展脉络

苏联时期，俄罗斯的体育教学评价体系以终结性评价为主，大多由教师作为评价主体在一个学习阶段结束时对学生进行教学评价，教学评价内容为根据体育教学大纲设置的对于运动技能的掌握程度以及运动素质的发展情况。

1992 年，《体育课程国家标准》颁布，其规定了学校体育教学评价的内容，体育知识、掌握运动技术、完成体育保健活动技能和身体训练水平。此阶段体育教学评价的程序为教师根据学生情况对学生四个方面的表现分别评分，学生成绩为各个方面成绩的总和以及学生进步幅度。同时，学生可以参与到教学评价中进行自我评定。此阶段，体育教学评价主体、类型由单一转变为多元，评价主体由教师转变为教师与学生，评价类型由单一性终结性评价转变为过程性评价与终结性评价相结合。

2004 年，俄罗斯联邦颁布了《1—11 年级学生综合体育课程》，并于 2011 年进行修订，颁布了《1—11 年级学生综合体育课程（修订版）》，其中对于学生所应达到的课程标准做出了明确规定，同时规定了学生应当对自身自我监督。

为了统一俄罗斯的教育评价体系，目前俄罗斯已经形成了统一的教育质量和评价系统“联邦教育跟踪中心”，可以监控不同学段学生的学习情况，快速地发现和解决学生在学习过程中的问题。这一中心的主要任务是进行信息的搜集、统一和后续的分析研究；对教育的现状进行质量分析。其中分析教育现状主要涉及学生的各学科学习水平、学生的认知能力和学习动机以及学习的负担是否对孩子的身心造成压力和影响。

从俄罗斯体育教学评价的发展变化来看，俄罗斯学校体育教学评价经历了评价主体从单一到多元、评价类型从终结性评价到过程性评价与终结性评价相结合的转变。

（二）俄罗斯学校体育教学评价内容

当前，俄罗斯学校体育教学评价遵循“一般—局部—具体”三步骤原则，将学生学业成绩划分为元学科成绩、学科成绩和个人成绩等三个基本水平，元学科成绩既要考查多方面能力水平又要考查知识运用能力以及与其他学科知识的衔接能力，学科成绩则考查通过“体育”课运动知识及方法中所获得、所巩固的具体经验，个人成绩在于甄别学习“体育”课内容过程中获得的独立运动锻炼能力水平，考查能否运用体育价值满足个人兴趣及需求取得身体完善中所要达到的理想成绩。元学科成绩、学科成绩和个人成绩又分为认识水平、道德水平、劳动水平、审美水平、交际水平、体育水平等六大领域，如个人成绩中道德水平领域则考查学生在体育活动中出现矛盾时处理问题和在尊重同伴基础之上予以解决彼此争论的能力。

六、体育教学的本质与特征

（一）体育教学的本质

俄罗斯不同教育家对体育教学的本质具有不同的认识。苏联著名教育家马卡连柯提出体育教学应当实现学生全面发展与个性发展。凯洛夫认为体育应当为政治服务。赞可夫提出体育应当促进人的全面和谐发展。苏霍姆林斯基认为体育是充实精神生活、丰富文化知识的前提条件，体育的目的是养成强健的体魄。综上所述，俄罗斯学校体育教学具有以下本质内容。

1. 学校体育教学的目的是增进健康，使身心协调发展，为建设和保卫祖国服务

2010 年，俄罗斯颁布了《俄罗斯联邦国家教育标准》（以下简称《标准》），《标准》是近年来俄罗斯颁布的关于基础教育最全面、最详细的指导性文件。《标准》中提出，关于基础教育阶段的学校体育目标为：要求学生掌握关于体育文化对于加强人类健康（身体、社会和心理）的重要性；关于它对人类发展（身体、智力、情感、社会）的积极影响，关于体育文化和健康作为促进人类健康因素的初步形成以及社会化的过程；要求学生掌握体育活动（日常、晨练、文娱活动、户外运动等）的技能；要求学生掌握系统观察自身身体状况、体能、健康监测数据（身高、体重等）、基本身体素质发展指标（力量、速度、耐力、协调性、灵活性）的技能的形成。

2013 年，《俄罗斯联邦 2013—2024 年体育发展战略》问世，其中对俄罗斯未来十年的各个方面的体育发展做出了详细的规划和要求，提出到 2025 年学校体育发展的任务：到 2020 年，系统从事体育运动的学生占学生总量的比例提升到 80%；提高俄罗斯联邦学生完成全俄体育综合体“劳卫制”（GTO）测试标准的比例，在全日制学生总数中，参加俄罗斯体育综合体“劳卫制”（GTO）标准测试的人数，到 2020 年要达到 70%。

从以上文件上看，俄罗斯学校体育教学体现着加强学生整体身体素质，并在此基础上促进学生身心全面和谐发展的本质目标要求。同时，俄罗斯学校体育受多年国家保家卫国思想传统的影响，在学校体育教学中体现了为政治服务的要求。

2. 学校体育教学面向全体学生，旨在实现学生身心和谐全面发展

2002 年，俄罗斯颁布了《2010 年前俄罗斯教育现代化构想》，提出为确保农村学生在接受优质的普通教育方面享有平等机会，将采取特别措施支持农村学校，以及对农村学校的重建项目；残疾儿童应得到医疗和心理支持，并在特殊条件下接受教育，主要是在特殊学校和寄宿学校，如果有适当的医疗条件，也可以在普通学校进行。学校必须为有社会问题的儿童提供强制性的个人心理和教育辅导。俄罗斯于2020年颁布了《到2030年俄罗斯联邦体育运动发展战略》，文件提出了增加青少年体育参与率是国家当局的重要任务和目标之一，到2030年达到90%，特别强调了学生不仅要掌握体育活动的技能，更要理解体育的基本含义。

从以上文件看，俄罗斯从面向全体学生出发，从国家政策层面对于加强体育教学覆盖面的实施效力提出要求，有助于学校体育教学在俄罗斯落实到每一个学生，促进学生的身心和谐全面发展。

3. 学校体育教学承担着健身性任务、教养性任务以及教育任务

《2010年前俄罗斯教育现代化构想》提出导致青少年反社会行为增加的主要原因之一就是青少年的课余活动以及空闲时间安排不当，学校及教育部门要在课余课外活动中下手。虽然《构想》中并没有直接点出2010年前对学校体育发展的目标要求，但从通篇的侧重点可以归纳出，这一时期主要是通过学校体育活动的手段和方法改善解决特殊青少年（包括残疾儿童、有重大心理健康问题的青少年以及孤儿等）的身心健康问题。《到2030年俄罗斯联邦体育运动发展战略》中就提出要完善儿童和青少年的体育训练体系；为学生和学校体育的发展创造条件。

可见，俄罗斯学校体育教学不仅承担着增强学生体质等健身性任务，还承担着提高学生素养、加强学生心理健康建设等教养性任务以及教育任务。

（二）体育教学的特征

1. 理论与实践相结合

俄罗斯学校体育教学既注重卫生与健康知识、生命安全知识、运动技能技巧知识的传授，同时强调在体育课、体育课余活动、体育训练与竞赛中的实践，在实践中增强学生的运动能力与水平。

2. 身心和谐发展

俄罗斯学校体育教学不仅注重体育学科自身领域的知识传授与技能习得，还注重引导学生通过体育教学促进其生活习惯、心理品质等的形成，以促进学生身心和谐发展。

3. 教师主导作用与学生主体作用相结合

俄罗斯学校体育教学注重教师发挥主导作用，对体育教学的设计、实施具有较大的权力；同时俄罗斯学校体育以学生为主体，围绕学生身心发展规律进行教学设计，并在教学实施过程中强调学生的主动性。

第四节　体育课程

一、体育课程概述

体育课程是学校课程的重要组成部分。俄罗斯经过多年的体育课程改革发展，逐渐形成了完善的体育课程体系。具体表现在：体育课程标准细致，体育课程目标极具国家特色，重视传统体育项目课程的发展等。

二、体育课程类型

（一）必修课程与选修课程

必修课程是指所有学生必须接受的课程。在俄罗斯，学生所必须接受的体育课程根据水平阶段的不同有着不同的课时要求及内容。在课时要求方面，水平一与水平二阶段每学期必修课包括 50 学时，水平三阶段每学期增加至 58 课时。在必修课程内容方面，水平一基本包括体育教学知识基础、移动练习、带有杂技元素的体操、田径练习、滑雪训练；水平二在此基础上将移动练习变为球类移动练习，并增加了武术元素课程；水平三阶段必修课程在水平二基础上将球类移动练习变为球类竞技运动，将田径练习变为田径训练。

选修课程是指学生可根据自身兴趣与个人发展需要自主选择的课程。其属于俄罗斯课程设置结构中的第二部分“可变部分”板块中的第二类，即由教师选择、由学生决定对某一门体育运动进行深入训练。

（二）理论课程、技术课程与实践课程

理论课程是指以体育相关理论知识为主要授课内容的课程，如体育理论知识、体育活动的方法、体育美学、体育史等；技术课程是指以体育训练为主要授课内容的课程，如基本技巧性体操、轻竞技运动、滑雪、活动性游戏、游泳

等；实践课程是指以体育社会实践、体育活动为主要授课内容的课程，如寒暑假夏令营等。

（三）俄罗斯联邦课程与特色课程

俄罗斯联邦课程是指由国家统一安排的课程，是全国各地必须实施的课程。在俄罗斯，俄罗斯联邦课程随着学生的水平提高分别有着不同的要求，其在具体课程安排上，与必修课程大致相同，俄罗斯联邦体育课程即《标准》中所规定的内容。

特色课程是指在国家一定要求的基础上，地方或学校根据当地特色、民族特点或文化特点，所开设实施的课程。在俄罗斯《标准》中，其属于课程设置结构中的第二部分“可变部分”板块中的第一类，即特色课程。《标准》规定特色课程应当凸显地方特色，优先考虑民族传统特色体育项目，并对学生个人发展具有积极应用意义，尤其是冬季奥运会等。

三、体育课程编制

（一）编制原则

1. 个体身心发展规律

俄罗斯体育课程的编制依据本国学生身心发展规律制定。如在水平一阶段，学校体育课程以使学生获得对体育的初步认识为主要目标；在水平二阶段，学校体育课程使学生获得基本的运动技能，激发学生进行体育锻炼活动的兴趣；在水平三阶段，学校体育课程使学生在掌握基本运动技能基础上，通过进一步体育训练，深入掌握某项运动技能。

2. 人文主义原则

人文主义原则指将体育与学生生活、审美等联系起来，这是俄罗斯课程编制的特色原则。以俄罗斯体育美学课程为例，该课程在俄罗斯自五年级起便开始设立，通过向学生传授运动之美、身体之美、动作之美的知识，增进学生对体育美的理解，并自觉投入体育锻炼中追求体育美，这体现了俄罗斯体育课程丰富的人文主义特征。

3. 循序渐进原则

循序渐进原则指按照学生的身心发展规律与知识难易繁简规律进行课程

编制。同时，各学段之间注重课程的衔接，以确保体育课程呈体系化、完整化发展。

（二）体育课程编制的程序

1. 确立体育课程的目标

俄罗斯国家教育标准规定了课程目标、最低必修教学内容和学生应达到的水平要求，课程编制人员以此为依据进行课程编制。

2. 选择与组织体育课程内容

根据课程目标体系的安排、学生身心发展规律以及实际发展状况进行课程内容选择，并按照内容组织科学性原则对课程顺序进行统筹安排。

3. 体育课程的实施

学校体育教师进行授课，即实施体育课程。体育课程实施具有三种取向：忠实取向、相互调适取向、创生取向。忠实取向即指严格按照课程安排实施课程；相互调适取向即指教师与学生在课程实施过程中根据实际情况灵活变通；创生取向即指没有对体育课程方案有明确规定，体育课程由教师与学生联合创造。

4. 体育课程评价

在课程实施完毕后，对体育课程实施过程与结果进行评价，并对体育课程进行修改。

四、体育课程资源的开发与利用

（一）传统体育项目的开发与利用

俄罗斯气候寒冷，雪上、冰上运动项目在世界上一直处于领先地位。滑雪是中小学的必修课程（个别不降雪的地区除外）。

（二）体育与其他科目的融合

俄罗斯体育和艺术在全世界享有盛誉，花样滑冰、自由体操等运动项目就是体育和艺术的完美结合，俄罗斯选手不仅运动技术好，而且艺术表现力极强。因而，俄罗斯在这些运动项目上一直处于领先地位。这与学校体育课程中体育美学的开设是有很大关系的。从 5 年级开始开设的体育美学，有利于培养学生形成正确的审美观，欣赏运动美，把美和运动有机结合起来。

五、体育课程改革的发展趋势

（一）体育课程目标的多元化、全面化

2010 年，俄罗斯颁布了《俄罗斯联邦国家教育标准》。该标准提出了体育文化和健康、体育活动等相关方面的要求，具体到体育课程目标层面，一方面，将增强学生体质健康列为主要目标，并逐渐提升其地位；另一方面，俄罗斯学校体育逐渐追求体育课程的多元化目标，在实现其基本目标基础上追求学生身心和谐全面发展，自由民主等人文精神的培养，包括塑造良好品质、养成体育锻炼习惯、形成终身学习的意识和能力等。

（二）体育课程内容的综合化与结构化

俄罗斯联邦教育和科学部于 2011 年颁布《1—11 年级学生综合体育课程（修订版）》，课程内容包括体育理论知识、运动技能与方法以及身体保健三个部分。并增加一门生命安全基础课程，也属于体育课程，内容包括应对自然灾害、交通事故以及生产事故的预防和处理方法。课程内容加强了卫生与健康知识、生命安全教育等人文知识内容的比重，提高了综合性。

另外，水平一的学生先认识体育是什么，奠定运动的基础；水平二的学生开始深入学习基本运动技能动作和技术；水平三的学生则是通过学习新的更复杂深入的运动活动来进一步丰富所掌握的运动技能，且具有较强的人文特征，呈现出了由浅到深、由点到面的逐渐渗透、由普适性向人性化和民主化发展的结构性趋势。

（三）体育课程实施的统一性与灵活性

注重统一性与灵活性协调发展。《1—11 年级学生综合体育课程（修订版）》中将教材内容分为不变部分和可变部分，其中的不变部分可以确保俄罗斯实施统一的体育教学，可变部分规定俄罗斯不同地区可以编写反映本民族或地区文化特点的体育教材。并且将教材分成“基础部分”和“选择性部分”，允许各地各校体育教师根据实际情况对体育课时进行增减。此规定既考虑到国家教育标准中的必

修部分，严格按照国家教育标准实施，以确保学生体育基础知识、基本运动技能的掌握，又允许地区、学校、教师根据自身特点灵活设置可选择部分，确定授课内容、授课方式，因地制宜促进学生个性化全面发展与教师专业发展。此外，俄罗斯体育课程实施注重各阶段之间的衔接。

（四）体育课程评价的个性化

俄罗斯中小学体育教学评价根据体育教学大纲中《体育活动方法》的各项规定侧重于中小学生的自我评价。2004 年《普通教育国家教育标准》颁布，规定俄罗斯中小学体育教学评价只按所规定的最低标准予以评价。换言之，这是俄罗斯中小学学生必须掌握的最低标准，而那些能力强的中小学学生允许在这一基础之上无限发展个人的兴趣与爱好。俄罗斯联邦政府教育部于 2005 年颁布实施的《体育教学大纲》同样规定了学生体育学习评价的最低限度，允许学生在这一基础之上可以发展自己的特长。以上规定一则能够降低学生负担，二则可以保证体育课程质量。

第五节 体育教师

一、体育教师工作概述

俄罗斯《教师专业标准》将教师定义为“教师，教育者”。体育教师指在各个教育阶段从事体育教学、训练与科研的专业工作人员。俄罗斯《教师专业标准》和《体育教育专业标准》中规定了体育教师的工作职责、工作内容、应具备的知识与能力等，并对体育教师的职前培养提出要求。体育教师由于其特有的专业特性，其工作职责、内容如下所述。

1. 制定和实施核心学科课程普通教育课程

体育课程是俄罗斯课程体系的必要组成部分，俄罗斯体育教师根据国家教育标准以及地方和学校要求进行课程教学设计。同时，根据俄罗斯国家教育标准进行考核。

2. 根据联邦国家教育标准的要求开展专业活动

俄罗斯体育教师具有较大自主性，可在符合联邦国家教育标准的要求下根据自身具备的专业知识、技能及能力进行课程的设计，参与教育发展计划的制定和实施，编制特色课程等，并在体育课程中结合学生学情对课程进行调整与安排。

3. 对学生进行客观评估并引导学生发展

俄罗斯体育教师在课程开始前对学生进行体质测试，对学生的知识与运动水平进行客观评估，根据学生实际学情对课程内容进行设计与调整，促进学生掌握相关知识，发展技能，并塑造学生健康人格。

4. 开展教育培训，系统分析培训课程的有效性

俄罗斯体育教师应当在入职时与入职后接受教育培训，其形式较为丰富，一般情况下入职时培训由相关教育部门统一组织；入职后培训由相关教育部门、所在学校以及部分高校组织。

二、体育教师职业的性质与特点

（一）体育教师职业的特点

1. 教育自主权

俄罗斯《1—11 年级学生综合体育课程（修订版）》中规定，教师可根据实际情况自主对体育课时进行删减，这体现了俄罗斯体育教师一定的教育自主权。

2. 脑力劳动与体力劳动相结合

体育教师脑力活动包括体育课程的设计与实施、以智力活动为基础的动作示范、语言讲解以及体育课余活动、体育竞赛的组织与开展等，体力活动包括体育教师授课过程中的动作示范、活动组织等。体育教师相对其他学科教师而言体力劳动较大，但是整体上看体育教师的劳动是以脑力劳动为主要劳动形式的劳动。

3. 社会性

俄罗斯学校体育经常举办体育竞赛，同时开办学校体育俱乐部，作为学校体育的主要承担者，这意味着俄罗斯学校体育教师经常需要与各界共事交往，承担体育俱乐部的组织者、各类体育赛事的裁判员、解说员、指导员等。

4. 工作复杂繁重

俄罗斯体育教师除了体育课程任务，还要负责课前操、间歇体育活动等课余体育活动的开展，课余体育竞赛的组织与筹办，管理体育设施、体育器材、体育场所等，其工作种类多，经常涉及与校内外各部门、各科任教师之间的协调与沟通工作，因此体育教师工作复杂繁重。

三、体育教师的职业素养

体育教师的职业素养是体育教师作为专业工作人员应当具备的多方面的专业要求，是体育教师顺利完成工作的前提条件与保证，主要包括高尚的道德、专业知识、专业能力等方面。

（一）高尚的道德

高尚的道德包括高尚的个人品格与高尚的职业道德两部分。高尚的个人品格对于克服工作困难具有重要作用，具体表现为团结进取、坚持不懈、无私奉献等；高尚的职业道德主要表现为热爱本职工作，对工作具有责任感，拥有强烈的事业心等。高尚的道德有助于推进体育教师教育事业发展，有助于提升学生的向师性，增强其对于学生的感染力与号召力。

（二）丰富的专业知识

专业知识主要包括体育教学与理论知识、体育教学实践性知识等。体育教学理论知识包括与授课内容相关的知识与动作，体育活动的基本原则，体育教学模式的历史、理论和原则；体育教学实践性知识包括教育学、心理学、运动生理学等方面推动完成体育课堂授课的知识，如学生年龄发展的基本规律，各阶段发展的危机、个人社会化、个人轨迹特征指标，心理教学、多元文化教育、社交媒体行为等教育理论和原则，实现教育成果的途径和体育教学评价理论的应用，现代教学技术知识的掌握与应用等。

（三）专业能力

专业能力指教师完成教学任务所必需的能力，主要包括组织课堂能力、应用现代信息技术开展体育教学的能力，组织与开展体育教学评价的能力，协调开展各类体育课余活动的能力等。此外，俄罗斯《教师专业标准》中指出教师应当具备适应 21 世纪时代所需的相关能力，以能够针对学生的个性特点培养学生现代化的能力和解决问题的能力。

四、体育教师专业发展

俄罗斯体育教师专业发展体系化较强，分为体育教师职前培养、体育教师入职教育、体育教师在职进修三个阶段。

（一）体育教师职前培养

俄罗斯体育教师职前培养以综合大学、师范院校以及体育院校中开设的体育教育专业为主。在学习内容上，强调掌握不同学科的综合知识，并在此基础上选择所修的专项。在学习过程上，新生入学后首先学习基础课程以掌握广泛知识，同时进行相应专业课程的教学和训练，从第 6 学期开始，根据本人志愿和专业运动成绩做专项选择后进行专业训练。

（二）体育教师入职教育

俄罗斯教师需要具有教师资格评价鉴定书、教师资格证才能申请教师工作，入职后义务服务期 1 年。在本年度中，俄罗斯新入职体育教师需参加俄罗斯体育教师入职教育，其主要形式为师徒帮带制，即由学校选派资历较深的老教师对其进行传、帮、带式的培训，具体方式包括新教师听老师的课，与老教师共同探讨教育教学问题，老教师向新教师进行答疑解惑等。此外，还包括集中培训、新教师研讨等多种入职教育形式。

（三）体育教师在职进修

俄罗斯体育教师在职进修主要包括三种类型。第一种是由大学或科研机构开展的在职进修，如综合大学组织的教师提高专修班，科研—学术团体创办的灵活的教师进修机构，综合大学创办的硕士、博士课程；第二种是由地方行政机构组织开展的教师培训活动；第三种是由中小学开展的教师培训或研讨活动。

第六节　学校课余体育

一、学校课余体育的概念

俄罗斯学校课余体育是在体育教师指导下，结合学生的身心发展特点、学生意愿及家长意愿所开设的旨在提升学生体质、增强学生对于体育的兴趣、培养学生综合素质的学校体育过程。主要包括课前操、课间操、体育兴趣课、校内或校际比赛、体育俱乐部开展的体育教学与活动等，其中体育俱乐部是俄罗斯学校课余体育的主要开展形式。

二、学校课余体育的地位

俄罗斯学校课余体育是俄罗斯学校体育课程的延伸与补充，是满足学生活动量的重要形式。其对于加强学生体质、激发学生体育兴趣、塑造学生人格、丰富学校体育课程具有重要意义。

三、学校课余体育的功能

（一）加强学生的体质，满足国家规定的关于学生运动量的要求

俄罗斯国民教育部为了提升学生整体体质，对于学生活动量有明确的要求，但是仅通过学校体育课程远远不能达到。学生通过参与学校课余体育，既满足了国家要求，学生整体体质也得到了明显提升。

（二）激发学生对于体育活动的兴趣，健全学生人格

俄罗斯学校课余体育作为学校体育的重要补充与延伸，其通过丰富的开展形式激发学生对于体育的热爱，帮助学生寻找其擅长的体育运动形式，提升学生体育运动的参与度，对于塑造学生在体育运动中坚持不懈、勇于拼搏等良好人格有着重要的推动作用。

（三）促进学生全面发展

俄罗斯学校课余体育形式丰富，其涉及的学科领域较为宽泛，包括体育史、体育美学等，其对于学生智育、德育、美育等有一定的推动作用。

（四）为国家体育事业培养后备人才

俄罗斯作为世界体育大国，其在各类体育赛事中的卓越表现与其学校课余体育的开展有密切联系。俄罗斯学校课余通过项目化、系统化、组织化地开展体育活动，培养体育人才，储备了大量后备人才，为国家选拔各项目体育人才提供了坚实基础。

四、学校课余体育的形式

主要包括课前操、课间操、体育兴趣课、校内或校际比赛、体育俱乐部开展的体育教学与活动等，其中体育俱乐部是俄罗斯学校课余体育的主要开展形式。

（一）课前操

俄罗斯学校课前操根据学生的年龄特点及身心发展规律按年级设置。1 至 4 年级课前操由 4 至 5 个一般发展练习组成；5 至 9 年级课前操由 5 至 6 个一般发展练习组成；10 至 11 年级课前操由 6 至 8 个一般发展练习组成。

（二）课间操

俄罗斯课间操形式丰富，各学段有不同的活动内容。1 至 4 年级课间操包括球类、跳绳、爬越、舞蹈、滑雪、滑冰、雪橇等；5 至 9 年级包括活动性游戏、球类、跳绳、爬越、平衡、杠铃练习（男生），韵律操和球类运动基本功，舞蹈、滑雪、滑冰、雪橇、自行车等；10 至 11 年级以性别为区分包含男女共同活动与男女分开活动，男女共同活动包括男女生共用球类运动基本功和韵律操。男女分开活动中男生活动包括哑铃、拉力器、杠铃、壶铃等练习；女生活动包括体操圈、绳、火棒等。

（三）校内或校际比赛

俄罗斯学校学生、教师经常自发组织的体育竞赛以及俄罗斯校际的比赛也是学校课余体育的重要形式，包括各项目的体育竞赛、各行政区自行组织负责的综合或单项比赛。如“全国越野比赛”、“俄罗斯滑雪场”滑雪比赛、“全俄排球联赛”、“田径赛”、“全国篮球赛”、“俄罗斯足球赛”、“四项全能田径赛”、“乒乓球赛”，以及全俄最大规模的赛事，即俄罗斯全国学生运动竞赛“总统杯”。

（四）体育俱乐部

俄罗斯体育俱乐部是学校体育的延伸，其项目与学校体育开展的项目相同，但是内容不同，随着学生年龄的增加难度不断增加。俄罗斯体育俱乐部根据各地体育设施条件、学生发展状况等因地制宜建立。俄罗斯学校体育俱乐部的主要任务包括开展系统的体育与娱乐活动，增强学生体质，提高学生对体育运动的兴趣；开展残疾人的身体恢复活动；组织与开展体育竞赛活动。

五、学校课余锻炼、训练与竞赛

（一）学校课余锻炼

俄罗斯学校课余锻炼是面向所有学生开展的，所有学生必须参加的体育活动形式，主要形式包括课前操、间歇身体锻炼与活动、延长日体育锻炼等。其除以行政班为单位进行体操锻炼外，还包括不同运动项目体育锻炼小组，如足球、篮球、排球、橄榄球、轻竞技运动、雪上运动、艺术体操、舞蹈艺术、运动舞蹈、舍宾、不同形式的格斗等。此外，还通过组织校际群众体育健身如“健身与运动日”等进行课余锻炼。

（二）学校课余训练

俄罗斯学校课余训练包括竞技运动组、一般身体训练组、竞技运动俱乐部等。具体方式为：既包括由一些有着教练员经历的体育教师围绕以竞技运动项目训练为中心组织课余训练，又包括由学校体育俱乐部教练进行带队训练学生经过锻炼可以达到很高的运动水平。俄罗斯各地区或学校会在每个学年开始之前制订好这一学年的所有课外体育比赛，并且对课外体育活动有专门的针对性文件颁布，详细制定和规定学校课余训练的相关内容。

（三）学校课余竞赛

俄罗斯学校课余竞赛是一种重要的课外体育活动。中小学校内和校际体育运动单项比赛比较多见，如足球、篮球、排球、游泳、柔道、保龄球等比赛。校内综合性体育比赛主要有夏季和冬季“斯巴达克运动会”。“斯巴达克运动会”起源于苏联时期，是当时规模最大、参与人数最多的综合性体育赛事。苏联解体后，这项赛事停办，直到 2006 年 7 月第一届全俄罗斯青少年“斯巴达克运动会”以新的面孔出现。俄罗斯、乌克兰、白俄罗斯等独联体国家还经常举办青少年单项比赛，如足球、篮球、冰球、体育舞蹈等。

第七节　学校体育管理

一、学校体育管理概述

俄罗斯现行的学校体育管理模式是以国家为主导的学校体育管理模式。其最高权力是联邦总统，国家总统下一级行政机关为联邦政府和联邦体育部，下一级行政机关为联邦主体和地方自治体。学校体育隶属教育科研机构，由地方自治体直接管理。

此外，俄罗斯还设置了咨议部门——联邦体育运动委员会为联邦总统提供咨询建议。

各级行政部门的职责不同。俄罗斯联邦总统是俄罗斯学校体育管理的最高权力中心，根据各咨议部门提供的建议提出法律草案或者修正案草案，经过立法机构审议为正式法律，或者直接发布总统令，抑或命令联邦政府制定法规。俄罗斯联邦体育运动委员会是俄罗斯学校体育管理的决策中心，主要负责统筹协调下级各部门包括联邦政府、联邦主体、地方自治体等之间的关系，为联邦总统提供咨询和建议。俄罗斯联邦政府主要负责制定和实施学校体育领域的政策，组织筹办各类体育赛事，编制体育教材用书，以及制定并实施适应不同发展阶段学生的运动纲要，并为不同发展阶段的学生设置体育学习目标。俄罗斯联邦体育部主要负责实施学校体育管理政策与学生发展纲要，并对国家体育发展战略进行管理。俄罗斯联邦主体政府主要负责对学校体育进行直接管理，因此学校体育在接受地方自治体管理的同时也要受联邦主体政府的管理与指导。地方自治体对于学校管理有最为直接与广泛的责任。

综上所述，俄罗斯学校体育管理体制受其国家政治体制、经济体制、民族文化影响较大，但与此同时也反映出了其适应社会新形态的特点。

二、学校体育管理政策法规

俄罗斯学校体育管理政策法规较多，包括《俄罗斯体育与运动法》《体育课程国家标准》《1—11 年级学生综合体育课程》《1—11 年级学生综合体育课程（修订版）》《关于批准学校体育俱乐部和学生体育俱乐部活动实施的命令》《教师教育标准》《体育教育专业国家标准》《到 2020 年俄罗斯联邦体育发展战略》《各类现代教育机构中小学生教育条件及卫生要求》。其中《俄罗斯体育与运动法》中明确阐述了对学校体育的总要求。

俄罗斯于 2007 年 11 月 23 日经联邦委员会批准，于 2007 年 12 月 4 日颁布了《俄罗斯体育与运动法》，于 2023 年 6 月 24 日修订。

《俄罗斯体育与运动法》共八章四十三条。《俄罗斯体育与运动法》第三章第二十八条与第二十九条对学校体育做出了具体的规定。第二十八条规定："1. 教育机构根据当地情况和学生兴趣，以联邦和州的教育标准和体质标准为基础，自主确定体育课的形式、体育手段、运动和身体活动的种类、体育课的方法和时长。2. 教育组织中的体育教育组织包括：（1）在基础教育方案框架内开设强制性体育课和运动课，并在额外的普通教育方案内开设额外的（选修）体育课和运动课；（2）为开展学生身体发育和体育锻炼的综合活动创造条件，包括提供体育器材和设备；（3）形成学生的运动技能、体育知识，考虑到个人能力和健康状况，为学生参与体育运动创造条件；（4）在教育和课外活动期间实施体育活动；（5）对体育组织进行医疗控制；（6）家长（代家长）对儿童健康及其体育教育形成负责任的态度；（7）每年对学生体质和身体发育状况进行监测；（8）协助组织和开展学生参与的体育活动；（9）促进学校体育和高校体育的发展与普及；（10）学生参加国际体育赛事，包括世界大学生运动会和正式体育比赛。"

三、学校体育管理的内容与方法

（一）学校体育课程与教学管理的内容与方法

20 世纪 90 年代，俄罗斯因下放体育课程管理职权而出现管理失控的局面。在此背景下俄罗斯出台了规范体育课程的法规文献。1992 年，俄罗斯联邦教育部与教育科学院联合颁布了《体育课程国家标准》，标准中规定学生的体育学习评价标准包括体育知识、掌握运动技术、完成体育保健活动技能和身体训练水平 4 个方面。2004 年颁布了《1—11 年级学生综合体育课程》，并于 2011 年进行修订，颁布了《1—11 年级学生综合体育课程（修订版）》，这一文件中规定了俄罗斯各个年级段需要掌握的内容，与小初高中毕业生均要达到其中所规定的最低标准。

（二）体育课余活动及竞赛管理的内容与方法

俄罗斯联邦教育科学部根据 2007 年 12 月 4 日颁布的第 329-FZ 号联邦法第 28 条“俄罗斯联邦体育文化和体育运动”的第三部分，以及俄罗斯联邦教育和科学部条例第 5.2.63 条，制定并于 2013 年 9 月颁布了《关于批准学校体育俱乐部和学生体育俱乐部活动实施的命令》。《命令》中指出了学校体育俱乐部的主要任务和学校体育俱乐部的主要目标。

（三）体育教师管理的内容与方法

为了提升体育教师的专业素养，俄罗斯开启了对体育教师能力培养的改革，《教师教育标准》和《体育教育专业国家标准》对体育教师的基础专业能力和职业能力等做出了要求，并且《体育教育专业国家标准》首次对体育教师的职前专业能力进行要求。俄罗斯的体育教师能力培养的方向是“以学生为中心”，以培养学生的综合能力为目标，并且突出强调学生们的个体差异性和需求的多样性，并提出俄罗斯的教师们应适应 21 世纪的发展与变化，应具有较高的水平能力，培养年轻一代们的创造能力和运用自己的知识解决问题的能力，在这一培养过程中，要注重教育体系的完整性，注重各学段学生直接的层次性与衔接性。

（四）体育设施管理的内容与方法

俄罗斯联邦政府在《到 2020 年俄罗斯联邦体育发展战略》中确定了该领域教育系统体育文化方面的任务是：创造条件，为儿童和青少年提供健康的生活方式和系统从事体育文化及体育运动的硬件条件。所以俄罗斯为了实现战略文件中的目标，必须实现体育教育体系的现代化，其中就包括完善和扩大学校等教育机构的基础体育物质设施。学校体育设施的设置规范由《各类现代教育机构中小学生教育条件及卫生要求》（以下简称《规范》）设置约束。《规范》中要求学校的体育运动区应设置在距离学校建筑物至少 25 米的地方，室内体育馆中要求必须配备运动器材用房（16 至 32 平方米）、男女更衣室（10.5 平方米）、淋浴间（每个 9 平方米)、厕所（每个 8 平方米)、教师室（9 平方米）等。室外体育场如操场及各类运动场等，要求配备足篮排球场地、手球和其他小球类场地。还要求田径区专门配备标有 30、60、100 米标线的投掷区等。

第八节 俄罗斯生命安全教育

一、生命安全教育的溯源与发展

（一）开拓实施：生命安全教育的设立

1991 年 5 月 14 日，根据国际局势的缓和与国内形势的发展，俄罗斯联邦部长通过了《关于俄罗斯普通学校青年应征训练》的 253 号决议，要求在普通学校、中等专科学校、职业技术学校的 2、3、6、7、10 年级开设《生命安全基础》课程，废止《青年应征训练》课程。这一决定标志着俄罗斯生命安全教育正式施行。1994 年，俄罗斯教育部发布公告，建议在 1 至 11 年级全部开设《生命安全基础》课程。

（二）举步维艰：生命安全教育的成型

1994 年春，俄罗斯在图拉召开了全俄“生命安全基础”研讨会，与会专家学者结合俄罗斯居民整体健康状况，认为生命安全教育课程具有重要的社会价值，并且急需实施。但是《生命安全基础》课程实施又面临着种种困难，如无系统教材、经过培训的教师、无场地设施、无教学经验。

由于图拉地区积累了相关经验并取得了一定成果，包括设立“生存岛”等，1994 年 7 月 4 日，俄联邦教育部和国防部发布“关于在俄罗斯组织和开展安全学校实验”的命令，提议建立儿童少年“安全学校”联盟和城市“安全岛”。

与此同时，在此阶段相关法令不断出台以确保生命安全教育稳步施行，如《国立普通学校开设新课程〈生命安全基础知识〉》(1991 年)、《有关组织普通教育机构学生学习〈生命安全基础知识〉课程》(1993 年)、《国立普通教育机构中〈生命安全基础知识〉课程大纲》(1994 年)、《〈生命安全基础知识〉课程最低内容限度》(1997 年）等。

同时，俄罗斯政府起草了关于《在全俄创立“儿童少年安全学校”运动及其职能》的文件草案。俄联邦普通和职业教育部起草了《生命安全问题的必修内容基础》，包括《普通学校“生命安全基础”教育国家标准的基本要素》等。在俄罗斯《学校体育》杂志中设专栏探讨《生命安全基础》课程教学。

（三）稳步推进：生命安全教育的发展

进入 21 世纪后，生命安全教育课程逐渐受到俄罗斯国内的重视，2003 年《俄罗斯普通教育国家标准》规定将生命安全基础知识课程作为必修课程，以及学生毕业考核的内容之一，这表明俄罗斯对生命安全教育重要程度显著提升。

近年来，《生命安全基础》课程不断发展新的教学理念，开拓新的教学形式，课程效果显著，俄罗斯公民健康水平得到显著提升。

二、生命安全教育的价值与动因

（一）生命安全教育的价值

俄罗斯开展生命安全教育于个人与社会具有重要价值，主要包括：

1. 促进学生健康成长

通过生命安全教育使学生掌握极端情况下应有的行为准则，获得相应的知识，具有应变能力，形成学生对自身周围安全问题的自觉和负责的态度。

2. 促进身体的正常发育和增强体质

通过使学生了解健康生活方式、医疗基础知识等相关内容，使学生掌握身体发育规律与特点的知识，了解自身机体的特点，以促进学生的正常发育。

3. 促进社会和谐稳步发展

通过生命安全教育，能够通过提高学生自我保护意识与能力，降低社会意外事件发生率，维护社会稳定，促进社会和谐发展。

（二）生命安全教育的动因

俄罗斯《生命安全基础》课程的设置，是建立在俄罗斯整体国民身体素质与青少年身体发展状况的现实基础上。俄罗斯通过一项社会研究发现，其学龄前儿童中约有五分之一的人患有慢性疾病，半数以上的儿童出现身体机能缺失和衰弱，将近半数的受伤儿童由于救护不当而使得病情加剧。许多疾病都与个体生活方式和卫生习惯等联系极为紧密。这些情况的出现促使俄罗斯迫切开展生命安全教育。

近年来，《生命安全基础》课程在全国各地稳步开展，并成为俄罗斯安全教育最突出的特点。

三、生命安全教育的实施与调整

（一）生命安全教育的实施

俄罗斯将生命安全教育归类为学科教育，并制定了多个《生命安全基础》教学大纲，俄罗斯各地各校因地制宜按照自己的情况选择适合自己的大纲使用，每个学年的课程总课时数为 105 个课时，课程内容由几个相互关联的模块组成：个人、社会、国家的安全基础；医学知识和健康生活方式的基础；确保国家安全的军事基础。主要内容可以概括为：① 危险和紧急情况下的自救行为；② 健康的生活方式和生命安全；③ 国防军事知识的基础内容及保护国家的义务；④ 基础医学知识和急救规则。并希望通过这些内容的学习实现以下目标：① 将个人健康作为个人价值和对社会负责任的态度；② 将保护环境作为保护个人、社会和国家赖以生存的基础；③ 履行宪法义务和俄罗斯公民保护祖国的义务所需的道德、身体和心理品质；④ 发展在危险环境和紧急情况下保证人类安全行为的精神和身体条件。

（二）生命安全教育的调整

俄罗斯联邦于 2022 年 9 月 30 日颁布了《基本普通教育联邦教育计划》，其中对于生命安全教育的总体目的、具体目标、指标和预期成果等做出了详细说明。这是俄罗斯对于生命安全教育所颁布的最新文件，其根据近年来俄罗斯生命安全教育的开展情况进行了调整，具体包括以下三个方面。

1. 生命安全教育的内容

俄罗斯生命安全教育分为 10 个板块，各板块具有各自的内容及教学方式。现代社会的生命安全文化，家庭安全，运输安全，公共场所的安全，自然环境中的安全，健康和如何保持健康，社会安全，信息空间安全，打击极端主义和恐怖主义的基础，个人、社会和国家在确保人口的生命和健康安全。

2. 生命安全教育的形式

俄罗斯生命安全教育的形式丰富，在知识授受方式上，将讲解与活动开展结合，同时引入了项目式教学，通过“预见危险→尽可能避免危险→在需要采取行动”的结构加强知识的实用性，促进学生对于知识的内化、吸收与应用。

3. 生命安全教育的课程安排

为了满足学生的个人发展需求基于知识和技能的生命安全文化，深入了解在危险和紧急情况下安全行为的重要性,《生命安全基础》课程作为强制性必修课程，在 5 至 7 年级《生命安全基础》课程每周一小时，共计 102 小时；8 至 9 年级《生命安全基础》课程每周一小时，共计 68 小时。但与此同时，各地区也可根据其地理环境、民族特点及其他因素，结合实际情况开展。如圣彼得堡国立普通教育机构 227 学校，自一年级开始开设《周围的世界》课程，旨在实施生命安全教育。一至四年级每周两学时，在五至九年级每周四学时，在十至十一年级，每周两学时。

四、生命安全教育的特征

（一）课程目标的实际性

生命安全教育课程根据学生发展中的实际需要与国家发展中的实际需要开设，学生需要健康与卫生知识、生命安全知识作为其知识结构完善、价值体系完善的重要组成部分，国家发展需要生命安全教育增强国民身体素质、促进民族发展。

（二）课程内容的综合性

俄罗斯的生命安全课程不仅仅是狭义的个人生命安全问题，还包括学生在个人成长过程中的生活方式，以及国防军事安全教育等内容，有助于形成对个人、社会和国家安全的整体认识。

（三）课程实施的灵活性

俄罗斯生命安全教育在设置了基本要求的基础上，各地区可以根据自身情况进行灵活调整，还可以通过开发特色课程的方式进行生命安全教育，进一步克服了僵硬性，有助于丰富生命安全教育的形式，更好地提升教育效果。

第三章　学校体育在印度

第一节　学校体育的产生与发展

印度作为当今世界的人口大国，其体育的发展拥有巨大的潜力，本节主要聚焦印度学校体育的产生与发展，对印度学校体育历史发展脉络进行梳理，了解其学校体育的历史沿革和思想变迁，以全面了解印度学校体育发展的历史背景。

一、学校体育的历史沿革

印度体育最早起源于吠陀时期，在该时期体育的作用主要是维护宗教种姓制度以及满足生产生活、军事训练的需要，还没有产生现今大众所知的学校体育。1968 年，“10+2+3”的教育模式推行，学校体育开始进入学校课程体系中。2001 年，《2001 国家体育政策》将体育运动正式加入教育课程中。

（一）奴隶封建社会时期的教育与体育（1757 年之前）

古代印度教育最早可以追溯到吠陀时期，这一时期的教育主要以宗教教育为主，包括婆罗门教育、佛教教育、印度教教育。婆罗门教育有三种教育机构，分别是家庭式学习的古儒之家、学院式学科教育的巴里沙以及供受邀学者辩论讨论的沙美蓝，其中，最为普遍的教育形式是古儒之家，即教师居家授课。古儒之家的教育课程偏向多元化，学生在掌握了必学的普通知识（宗教知识和逻辑）后开始学习一门具体的学科知识。佛教教育是印度当时主要的教育类型，当时的佛教教育以口头教育为主，通过寺庙进行教学。其教授课程十分广泛，刚开始的课程主要有佛学、哲学和逻辑，后来逐步开设了梵语、天文学、占星术、医学、法律、政治、艺术。当时的佛教教育以口头教育为主，通过寺庙进行教学。印度教源于婆罗门教，除了宗教内容与婆罗门教有所不同，其教学形式、方法、对象、机构等方面都承袭了婆罗门教的一些做法。到了中世纪莫卧儿帝国时期，随着穆斯林的入侵，伊斯兰教的文化也迅速传入印度，并对印度之后的教育产生了深刻的影响。在该时期，由于伊斯兰教教育占据着主导地位，教育附属于宗教并由宗教掌控，办学模式以寺庙办学为主，表现出鲜明的宗教等级色彩[①]。

古印度时期，体育受印度教与种姓制度的影响较大。由于印度教中的宗教哲学强调对生命的克制，追求来世和禁欲主义，这与体育所追求的顽强拼搏、不懈奋斗的精神相违背；而种姓制度是一种封建社会的等级制度，注重阶层划分，体育活动仅存在于某些特定群体中；此外，在早期吠陀时代，由于雅利安人入侵，古印度人在外族势力的支配下度过了较长的和平年代，在那时并没有产生提高军队体能水平的意识，不能产生早期的运动锻炼思想，因此在该时期体育没有得到太大的发展[②]。

（二）殖民地半封建社会时期的学校体育（1757—1947 年）

1757 年，印度开始沦为英国的殖民地，英国开启了对印度长达 190 年的殖民统治，直到 1947 年印度独立后才宣告结束。在此期间，在英国的影响下，印度很多王公贵族逐渐开明，开始兴修公共工程，创办学校，并对落后风俗进行改革。同时，一些西方的运动项目被引入印度学校，但此时学校开设运动项目的课程主要是为了培养运动员，提高一些项目等在国际和社会上的声誉和地位，如板球、曲棍球、拳击等项目[③]。

在英国的殖民统治下印度学校发展相对扭曲，大多数公立学校都是由贫困阶层进入的，而由信托基金、宗教机构、传教士和其他人管理的私立学校分布不均，这些学校可以为孩子们提供一些创造和发展身体文化的途径。20 世纪 80 年代，在学校课程和课外教育的传播差异中表现得很明显，其影响体现在学校系统内缺乏对体育活动的重视。学校体育对于学生们来说是一种强制性的活动，组织形式较为混乱，既没有使学生在运动中得到解放，也没有建立任何具体形式的身体文

① 王建梁. 印度教育研究［M］. 南宁：广西教育出版社，2023：29–32

② 刘琪. 古印度文明下的体育发展研究［J］. 学周刊，2014（22）：232–233.

③ MEGAN S，MILLS A most remarkable community：Anglo–Indian contributions to sportin India［J］. Contemporary South Asia，2001，10（2）：223–236.

化。印度的一些州确实培育了所谓的体育学校，试图效仿东欧模式，开始在学校培养年轻人的体育运动，但最终却以拙劣和腐败的模仿而告终。

（三）近现代时期的教育与学校体育（1947 年至今）

印度在 1947 年获得独立，印度政府做出了各种努力来改善体育每况愈下的状况。为了使体育更好地适应和促进社会政治经济的发展，印度成立了一个委员会——“塔拉·昌德委员会”。这个委员会成立于 1948 年。该委员会提出了各种建议，以改善该国体育教育的状况或地位。S.Radha Krishanan 博士委员会也于 1948 年成立，负责学校教育。1950 年，政府成立了 “中央体育健康及健康咨询委员会”，就有关体育的各项事宜向政府提供意见。科塔里教育委员会（1965 年）强调中小学和大学必须实行义务体育教育。为了向参加各种比赛和运动的运动员提供培训，印度政府推出了一些特殊的计划。其他一些重要的委员会和董事会被委任促进体育教育和运动：

- 全印度体育委员会（1954 年）；
- 国家体育学院更名为拉克西米拜国家体育学院，瓜廖尔（1957 年）；
- 帕蒂亚拉国家体育研究所（1961）；
- 全印度体育大会（1962）；
- 国家体育政策（1980）；
- 体育和青年事务部（1982）；
- 国家体育政策（1984）；
- 国家体育（发展）法案（2011）。

二、学校体育的思想变迁

（一）丰富校内课程

英国统治印度约 200 年，在此期间，体育活动和军事训练如剑斗、匕首战斗、长矛战斗等活动被英国政府禁止，导致印度人民身体状况的退化。虽然英国人非常爱好体育活动，但作为印度的统治者，他们从来没有重视过体育教育和运动。尽管英国统治者们常常在放学后为印度学生组织一些精选的游戏，但这对于发展学校体育和运动是远远不够的。1882 年，印度教育委员会首次建议“为了年轻人的利益，通过鼓励本地游戏、体操、训练和其他适合学校每个班级的运动来促进体育训练”。1894 年以后，印度官方将体育作为必修科目的问题得到了考虑，但是没有进一步推行明确的政策。在英国统治期间，体育活动和板球的组织和开展是私人努力的结果。德国的体操、训练和健美操体系被引入学校，但并不成功。英国人与印度人的长期联系以及他们对体育的热爱促进了板球、曲棍球和足球等团队运动的发展，大多数现代游戏和运动都是通过英国传到印度的[①]，印度学校体育开始萌芽。

（二）为发展国家体育服务

印度在 1947 年独立后，各方面都取得了突飞猛进的进步。为了快速发展体育，印度政府推出了一系列计划来发展体育，如国家纪律计划、国家健身团、国家体能运动和国家健身计划等。虽然目的是推动体育建设，但实际上这些计划还是为了大众消费。此外，印度政府在基础设施、设备、人员等方面投入了大量资金，但是以健康为导向的一般方案和以卓越为导向的计划都没有取得理想的结果。

（三）关注学生的身心健康发展

随着国家发展水平的提高，印度政府也越来越注重学校体育对学生身心健康的影响。在 2023 年颁布的《学校教育国家课程框架 2023》中，逐步将孩子的身心健康发展作为学校体育课程培养的核心，认为体育活动是人类的一部分，将学校体育教育的目标定为以下四点。

（1）提高对体育活动/运动的欣赏能力。体育和体育活动应该受到重视，因为它提供了良好的健康、享受、自我反思和社交的机会。

（2）熟练参与体育活动/运动的能力。体育教育应发展知识和能力，以执行人体的不同技能和动作，并参与和享受各种活动、游戏及体育运动。

（3）韧性。体育教育必须培养韧性和追求卓越体能的兴趣。

（4）同理心与合作。体育教育必须培养同理心、合作、公平竞争和兄弟情谊，这些都与一个人的一生息息相关，才能成为一个好人和社会的贡献者，并学会优雅地面对输赢。

---

① KUMAR M.Development of physical education and sport in British and post–Independence period in India [J]. International Journal of Physiology，Nutrition and Physical Education，2018，3（2）：2298–2302。

第二节　学校体育的结构、功能与目标

学校体育作为印度教育系统里的重要一支，其结构、功能目标与教育发展的大方向是一致的。印度学校体育的结构主要分为学前教育阶段体育、初等教育阶段体育、中等教育阶段体育、高等教育阶段体育四个阶段，每个阶段都根据学生的身心特点进行了系统规划，并通过体育与健康课程和课外体育活动等途径去实现其既定的体育目标。

一、学校体育的结构

（一）学前教育阶段体育

在印度，学前教育阶段主要包括幼儿园和学前班，学生的年龄一般在3～6岁，这个年龄的幼儿处于身心发展的黄金时期。在这个阶段，儿童的好奇心加强、爱模仿教师的行为，因此教师要注意引导学生正确的价值观；其次，学前教育阶段学生的注意力一般能保持15～20分钟，老师要培养学生延长注意力的能力。在该阶段学校体育的内容主要有：学习使用基本技能（跑步、跳跃、接球、投掷、击打和踢球等）来参加不同的体育活动/游戏/运动；培养他们对个人和社会的认识；理解自我发展和自我评估。

（二）初等教育阶段体育

印度的初等教育与义务教育阶段重合。初等教育分为两个阶段：第一个阶段是初级小学阶段，即一至五年级；第二个阶段是高级小学阶段，即六至八年级。印度初等教育阶段学生的年龄一般在6～14岁，此阶段学生们正处于青春期，在外貌、体重、身高和性别方面的差异变得明显。对外表和自我形象的关注为教师提供了谈论健康和体育活动需求的机会。体育课为青少年提供了一个理想的环境，让他们在遵守规则条例和安全程序的同时，学习社会和个人责任的技能。这为学生赢得和给予尊重以及建立自信提供了基础。对于这个年龄段的学生来说，合作是一项非常重要的社会技能。因此，印度初等教育阶段学校体育的内容是必须教会学生与同龄人合作，并为自己的行为负责。

（三）中等教育阶段体育

印度近代中等教育发端于19世纪中叶，独立后，印度通过改造殖民时期的教育制度，逐步探索发展了适合本国国情的中等教育。主要包括初中和高中两个阶段，覆盖九至十二年级，在整个教育系统中具有承上启下的作用。印度中等教育阶段的学生经历了许多生理和心理变化。男孩通常会在9年级左右，大约在14岁或15岁之前，经历一段快速成长的时期。在9年级时，女孩的成长速度较慢。总的来说，在10年级或更高年级，大多数学生开始经历相对较慢的增长率。生长速度的减缓，以及肌肉长度和宽度的增加，产生了更高水平的运动能力和健康。在这个阶段，学生可以选择他们想要追求的活动，确定一个他们能够脱颖而出的运动项目。印度中等教育阶段体育的内容主要是教师展示较高水平的体育活动，让学生理解运动概念和原理，从而完善自己的运动技能。

（四）高等教育阶段体育

印度的高等教育在世界上拥有重要地位，印度是目前世界上高等学校数量最多的国家，高等教育学生规模仅次于中国，位于世界第二。印度高等教育机构组成主要有大学、名誉大学、国家重点高校和学院等类型。学生在这个阶段，无论是心理上还是生理上都与成年人没有差别，身体各器官功能都达到了最好水平。在印度高等教育阶段中，不同的高等教育组织机构具有各自的特色。学生们在选择各类运动项目时主要通过自己的兴趣爱好以及身体素质来决定，体现了学生的自主性。此外，这个阶段的体育内容还与终身体育相衔接，在一定程度上体现了生活化和实用性。

二、学校体育的功能

印度学校体育的功能在于帮助学生学会身体活跃、充满活力和健康的生活等。学校体育的功能是学校体育本质的反映，学校体育还能体现其他方面社会功能。因此，学校体育的功能又可分为本质功能和其他功能。

（一）学校体育的本质功能

学校体育的本质功能是“育人”，主要是促进学生的身心健全发展，包括教育功能、健身功能和娱乐功能。

1. 教育功能

印度学校体育功能中的教育功能是最重要的一项。体育活动是人类生活的一部分，也是学校课程的一部分。学校体育课程能够促进学生智力的发展、加强学生心理能力、培养学生形成正确的审美观念和审美情趣。

2. 健身功能

印度学校体育中的健身功能是学校体育中的核心功能，也是学校体育最原始的功能。主要包括养成正确的身体姿势，促进生长发育；提高机能水平；提高身体素质和基本活动能力；增强机体对外界环境的适应能力等。

3. 娱乐功能

印度学校体育课余锻炼与竞赛，是学生课外活动的重要内容。一方面，学生可以通过体育锻炼来缓解文化课学习的压力与疲劳，丰富自己的生活；另一方面，学生还能通过观赏体育类的比赛与表演，得到心理上的满足和精神上的愉悦。

（二）学校体育的其他功能

1. 文化功能

印度学校体育的文化功能，是印度学校体育中最重要的社会功能。学校体育是校园文化中最重要的内容。学校内部和各学校之间开展的各种各样的体育活动，可以丰富学生文化生活，营造出一种积极向上的人文氛围。

2. 辐射功能

印度学校体育对竞技体育的辐射作用早已得到肯定。随着印度社会体育的不断发展，印度学校体育对印度社区体育和印度家庭体育的辐射作用也逐步凸显出来。印度学校体育的辐射功能是学校体育功能拓展的一个必然趋势，也是对终身体育的一个积极回应。

3. 经济功能

印度学校体育的积极功能虽然不明显，但是发展潜力值得我们关注，其中就包括学校体育产业问题、高校的高水平运动队或俱乐部的商业问题等。但是印度学校体育最根本的经济功能在于通过改善和提高未来劳动力的身体素质，促进公民经济的增长。

三、学校体育的目标

（一）学校体育的目标

在印度现行的《CBSE 健康与体育教育大纲》中，印度学校体育的目的是提供必要的理论和实践投入，以提供综合和全面的理解，并发展与小学、中学和高中各级健康和体育有关的积极态度、价值观、技能和行为，具体包括以下四个方面：

（1）增强体质，增进健康；

（2）掌握和运用体育与健康知识和运动技能；

（3）促进学生个性全面发展和个体社会化；

（4）培养运动的兴趣和爱好，形成坚持锻炼的习惯。

（二）体育目标的实现途径

印度学校体育目标的实现有两条途径，分别是体育与健康课程和课外体育活动，由于体育与健康课程和课外体育活动特点各不相同，所以他们在实现学校体育目标的过程中所发挥的作用和侧重点也有所不同。

1. 体育与健康课程

体育与健康课程是实现印度学校体育目标的基本途径，这一途径的课程设计主要是解决不同教育水平儿童的健康和体能需求。

2. 课外体育活动

印度课外体育活动是指体育与健康课程之外的一切体育活动，是实现印度学校体育目标的重要组织形式，其内容丰富，主要是通过游戏、体育运动、红十字会、童子军等向学生灌输一定的社会和道德价值观，帮助他们成长为负责任的公民。

第三节　体育教学的内容与方法

学校作为正规教育机构的中心目的是让学生获得有价值的知识、能力、价值观和气质，体育教学是实现教育目标的重要手段。本节主要对学校体育教学目标、体育教学设计、体育教学原则、体育教学评价和体育教学的本质与特征进行梳理，深入了解体育教学的内容与方法。

一、体育教学的目标

印度体育教育课程包括健身训练、运动和具有一定难度的游戏项目，因此体育训练（PE）课程在教学过程中有一定的潜在风险。出于安全问题的考虑，印度学校体育课程需要有两位监护人和学校校长监管。如果体育课不是必修课程，一些学生可能会完全忽视身体运动，而选择非运动性活动。因此学校体育的教学目标主要概括为以下几点：

（1）提高耐力和健康水平，让学生更健康；

（2）教会学生自律，适应健康的生活方式，照顾好自己的身体；

（3）促进身体发育并获得必要的身体技能；

（4）帮助学生养成良好的运动习惯，从而形成更健康的生活方式。

（一）学前教育阶段体育教学目标

根据印度学前教育阶段学生的特点，该阶段体育教学的目标是通过各式活动使大多数学生能够展示基本动作、运动技能，并培养他们的规则意识和对游戏的参与。印度学前教育阶段学校体育的重点主要是发展基础技能（如滚动、投掷、接球、运球、踢球和击打等）与基本技能（玩耍乐趣以及在活动中表现出适当行为和态度的能力）。通过发展一些基础技能，以发展身体的力量和灵活性，从而为下一阶段的体育学习打下良好的基础。教师通过演示基本的热身运动和拉伸，来发挥学生的身体力量和灵活性，有更好的能力来表现运动技能。

（二）初等教育阶段体育教学目标

印度初等教育阶段体育教学的目标是培养学生身体运动技能来参加不同的体育活动/游戏，发展他们的力量、速度、耐力、灵敏等，同时培养他们的理解能力；通过一些团队合作的体育活动，培养他们对个人和社会关系的理解，将团队利益放在第一位，平等对待每一个人，做出道德决策并为自己的错误承担责任。该阶段体育教学目标的重点是强调在活动中团队合作，同时，这个阶段老师要指导学生在不同的身体环境中运用不同的运动技能去适应，不仅让学生继续本地游戏的参与，还要通过不同的方式去了解当时流行的竞技运动或游戏，提高他们的认识。

（三）中等教育阶段体育教学目标

中等教育阶段体育教学目标是让学生在参加活动时能够理解并处理自己与他人的情绪，在困难的情况下能够沉着冷静，并能安抚队友，展示自己的社交能力。在该阶段体育教学过程中，教师需要引导学生运用复杂的运动概念和原理来发展和完善自己的运动技能。此外，教师还应鼓励该阶段的学生为更年轻的学生树立正确的榜样，并积极帮助老师组织学校体育活动。

（四）高等教育阶段体育教学目标

印度高等教育阶段体育教学不受班级、年级、场地、时间、器材等条件的影响限制，灵活性较强。大多数以体育社团、运动队以及俱乐部的形式组织活动。印度高等教育阶段体育的重点是培养学生的体育文化素养。这不仅要求学生理解体育文化，还需要学生具备参加体育运动项目的各种基础能力。印度高等教育阶段的体育教学对培养学生终身体育锻炼的意识与对体育活动的热爱具有重要意义，对于学生今后的个人发展有着不可代替的作用。

二、体育教学设计

为了有效落实健康和体育主题，《CBSE 健康与体育教育大纲》要求体育教学内容应与以下六个主题紧密结合：我们和我们的环境、人体与体质健康、食物与营养、社会健康和与他人的关系、安全与保障、消费者健康与职业和领导方面。印度学者认为高质量的体育教学设计必须体现以上六个主题的相关内容，以形成一个将受到家长、教师和学生重视的计划。Dalwinder Singh 将优质的体育教学设计分为以下几个方面。

（1）高质量的体育课程是围绕内容标准组织的，这些标准为教学和评估提供了方向和连续性。

（2）优质课程以学生为中心，以学生的发展欲望、特点和兴趣为基础。当学生必须学习的技能和活动与他们的身体和情感发展相匹配时，其学习效果最好，培养积极的体育活动行为是体育教育的关键目标。

（3）高质量的体育教育计划使体育活动、身体健康和运动技能发展成为该计划的核心。体育课是整个学校课程中学生学习运动技能的唯一场所。因此，体育课程必须关注学生的技能发展和高质量的体育活动。作为体育活动的一部分，学生学习达到和保持健康所需的知识和技能，以提高身体健康水平。

（4）高质量的体育课程教授管理技能和自律。对体育教师的评价往往是基于学生在课堂上的表现，而不是学生对体育的了解程度。管理人员和家长要看学生是否完成了任务，是否接受了合格的指导。当一个班级管理良好、学生自律时，这种体验与课堂教学相一致，为项目带来可信度。

（5）优质课程覆盖所有学生。教学是为最需要帮助的学生设计的，即技能较差的学生和残疾儿童。有技能和天赋的学生有很多机会在私人课程、俱乐部和项目中学习。没有技能的学生或残疾儿童缺乏信心，往往无法帮助自己。体育教育可能是这些孩子在充满关爱和积极的环境中学习技能的最后机会。

（6）高质量的体育课程将教学重点放在学习技能的过程上，而不是放在执行技能的结果上。

三、体育教学过程与原则

（一）体育教学过程

为了保证体育教学工作的系统性和体育与教学计划的明确性，印度学校的体育课程分为四个部分：教学、实践、游戏、参与。首先在课程开始教师会集合整队，宣布上课内容；其次进行教学活动，在教学过程中根据学生表现及时评价和纠正；最后组织相关游戏进行检验。

（二）体育教学原则

印度的体育教学原则概括为以下五个，一项计划的成功、有用和受欢迎程度取决于这些指导原则，有效组织体育计划必须遵循这些原则。

1. 科学性原则

体育教学的科学性主要体现在保证教学计划合理、师生比例与课程负荷科学、教学环境安全健康。

2. 个体性原则

体育教师面对的每一个学生都是独立的个体，每个学生的兴趣爱好、体力、资质等方面会存在一定的差异，这就要求体育教师根据学生的身心特点出发，正确对待学生的个体差异，保证每个学生都可以参与到体育与课程中。

3. 全面性原则

印度的教育制度旨在从身体、智力、社会和道德等各个角度实现全面发展，体育教学方案的组织方式应有助于实现所有这些目标。体育活动不应妨碍其他活动，必须有充足的精神、智力、文化和情感发展的机会。有规律的体育活动对于健康活跃、健壮的身体和健全、良好发展的人格是必要的。通过每天的体育活动，促进学生身心健康发展。

4. 技能引领原则

每项活动都涉及一些基本技能，学生应该学会这些技能。在各种活动中的基本技能知识将培养他们对体育的兴趣，并确保体育课程组织的成功。

5. 合理利用资源原则

在组织教学活动时，合理使用场地设施能够实现教育资源利用最大化，更好地促进教学活动的开展。在规划学校年度预算的同时，必须提供充足的体育经费，体育课程必须在规定的财政限额内组织。

四、体育教学方法

Rakesh Cupta 将印度体育教学方法分为四种类型：强制性教学、教师准备型教学、动机型教学和目的性教学。下面简要介绍前三种类型。

（一）驱动性教学

驱动性教学在体育理论和实践课上的表现形式有所不同。在体育理论课中，体育课的教学内容根据教学大纲所规定的主题进行编排，通过书本呈现。在教学过程中，教师讲授书本上的体育健康知识，随后让学生把相关的知识点背诵下来，并能够在课后、下一堂课或是考试中完整地复述出来。在实践课中，驱动性教学主要是通过教师口令的指引让学生按要求进行队列队形或动作的变换来达到教学目的。

（二）教师准备型教学

教师准备型教学以老师为主体，教学内容不根据教学大纲的要求安排，而是由老师自行决定。在教学过程中，教师通过自己的相关准备展开教学活动。此类教学方法在体育健康课程中较为少见。

（三）动机型教学

动机型教学在体育健康课程中较为多见，是大多数体育教师在教学过程中会使用到的一种教学方法。动机型教学以学生的兴趣为指导，教学过程中，以学生的兴趣和运动能力进行分组教学。教学内容是由孩子的兴趣所决定的，因此学生在课程中具有较大的话语权（通常采用鼓励学生代替老师上课的形式），教师在旁边只做引导。

五、体育教学评价

（一）教育教学评价

印度教育官方认为教学评估可以是形成性的，也可以是总结性的，两者对于改进教学和学习都很重要。形成性评估和总结性评估主要包括笔试、口试、实际测试和开卷考试四种方式。

（二）体育教学评价

体育教学评价通过以下四点来评估各阶段的体育和健康。

（1）学生必须通过其体育表现来评估。根据明确的评分标准，通过观察学生在现场活动、训练和游戏中的表现，可以最好地评估学生的表现。

（2）价值观和性格也必须通过表现来评估。

（3）书面测试可用于评估特定的能力，如了解你的身体、成长和发展、游戏/运动的规则和规则、比赛的知识。

（4）其他工具包括由教师维护的记录、由学生维护的反思日志、自我评估和口头了解学生的想法和理解。

六、体育教学的本质与特征

（一）体育教学的本质

印度的体育教育是一门具有各种经验的课程，没有统一具体的教学内容。各州制定的最低体质标准为学校相关的教学管理部门提供指引，使其了解在学年期间应该为学生提供何种体育技能和经验。高质量的体育课程应当包含使学生有较大发展空间的体育活动，为运动技能、运动习得和行为发展提供必要的基础，可以使儿童和青少年成为运动的成功参与者。体育课程为教学技能和体育活动提供指导的框架。其本质概括为以下几方面：作为促进儿童和青少年发展的各种运动技能的指导；健身教育和评估，以便了解和改善学生的身体健康；发展与运动技能和健康相关的认知概念；给学生提供提高社交和合作技能的机会以及提高学生对体育活动的认知。

（二）体育教学的特征

1. 综合性

体育教学内容的多样性与体育教学目标的具体指向性决定了体育教学的综合性。印度学校体育教学的目标是为学生提供必要的理论和实践投入，以便学生对小学、中学和高中各级的健康和体育教育进行全面和全面的了解，并培养与健康和体育教育有关的积极态度、价值观、技能和行为。在教学内容上不仅包括运动项目的学习，还包括健康卫生知识的理论学习，同时在教学过程中要对其价值观进行引导，表现出综合性的特征。

2. 开放性

由于体育课程大纲大部分是由运动项目构成的，这就要求学生在室内体育场所或户外操场学习。除了开放性的教学环境，学生的活动也具有较强的开放性。这就使得教师在设计教学方案时应充分考虑到这些因素，保障教学过程的安全。

第四节　体育课程的组织与实施

体育课程在学校体育中占据重要地位，是学校体育的核心。体育课程的目标是使所有学生达到体育活动和健身的健康水平，鼓励学习运动技能，培养并支持终身持续积极生活习惯的知识和态度，并制定旨在满足所有儿童和青少年身体成长及发展需要的具体目标。这些目标的实现需要对课程内容结构及组织实施进行详细了解。

一、体育课程概述

健康和体育教育课程是印度教育课程的一个组成部分，属于中等教育的核心课程。它通过有组织的心理运动活动方案来促进不同能力和兴趣的学生全面发展。这种有组织的心理运动活动方案鼓励学生拓宽他们的经验，并接受生理和心理挑战。它提供了广泛的技能、经验和知识，使学生能够做出有效的选择，并在这个快速变化的社会中参与积极健康的生活方式。它鼓励所有学生，无论能力如何，都能够参加一系列休闲、娱乐和体育活动，并且满足所有人的兴趣和需求。该课程旨在让学生在不同的情况下通过相互交流来学习。它确保发展适当的社会技能，如合作、团队合作、沟通和有效参与，使他们能够在积极的人际交流中与他人进行适当的互动。

二、体育课程类型

NCF 要求学校必须确保所有学生在体育课上机会均等，各种兴趣、爱好和能力的学生都应参加体育教育。印度体育课程分为以下两种类型。

（一）必修体育课

必修体育课是根据体育教学大纲的内容，所有学生必须参加的常规体育课。这类课程通常又会分为理论课与实践课。理论课程主要以学习健康卫生、保健等理论知识为主，通常在室内进行教学；而实践课程通常是在专门的室内的体育场所或户外操场进行教学，教学内容通常为开放性的运动项目。

（二）选修体育课

与必修体育课不同的是，选修体育课更加注重学生的个人兴趣。此类课程主要为那些希望对某项运动进行更深入了解和学习的同学所开设，通过学校对相关课程的开设以及体育教师的支持，学生能够在该课程上获得技能和知识水平的提高。

三、体育课程编制

（一）体育课程编制的内容

课程是在教育经验、指导教学和持续评价的基础上，为实现某一特定学科的设计目标而进行的动态过程。课程是学校办好课程的生命和导向。它是学生经验和相关学习的一部分。课程被定义为“行动计划”或“包括实现预期目标或目的的战略的书面文件”。在印度，课程被定义为教师用来为中学生规划有效学习机会的书面文件。体育课程的目标是使所有学生达到体育活动和健身的健康水平，鼓励获得运动技能，培养支持终身持续积极生活习惯的知识和态度，并制定旨在满足所有儿童和青少年身体成长和发展需要的具体目标。因此，体育课程内容应围绕上述目标的实现而进行编制。

（二）体育课程编制的要点

课程编制与规划是一个具有挑战性的重要过程。在课程规划过程中，需要考虑以下几点。

1. 课程的规划应考虑到学习的进步，尽量减少教学内容的重复

由于缺乏统一教学大纲的指导，很多学校的学校体育课程总是重复同一个内容，并没有考虑到学生是否能从中受益。无论是体育健康常识性课程还是体育运动课程对于学生来说都不仅仅是一种娱乐体验，更是一种学习体验，通过运动活动的媒介，儿童从一个发展阶段进入另一个更高级的阶段，从而获得知识经验和技能水平的提高。为了保持其在教育中独特性的地位，体育教育应当体现教学内容的渐进性，减少教学内容的重复。

2. 课程的安排应使学生有连续的学习时间

运动技能的习得应当根据学生的身心发展规律来安排教学，适合学生身心发展特点的课程不仅能快速发展某项身体素质，同时还能使得学生快速掌握运动技能，提高学习效率。在教学过程中，如果中断一项活动的学习，开始另一项活动，可能会严重消耗学生在活动中的兴趣和价值。虽然教学内容的改变可以使学生获得短暂的娱乐体验，但只有持续性的学习才能使学生获得终身发展。

3. 在构思和执行课程时，应考虑到合作规划

从规划日常工作到规划整个课程的任何阶段，合作规划都是教师提高教学效率有效的手段。合作规划可以在不同的层次上进行：通过问卷调查，学生有机会表达对活动和课程内容的偏好；可以在会议上或通过信件咨询家长和其他成年人，以了解他们对孩子需求和兴趣的判断，从而选择适当的活动；学生和教师委员会可以一起讨论目标和实现这些目标的方法。

四、体育课程改革的发展趋势

如今，学生有多种教育选择，教育领域出现了新的趋势，彻底改变了印度对教育的传统观念。一些以前不认为是传统的职业选择已经成为最受欢迎的教育和职业选择。教育和课程是生活和社会的反映，随着信息和技术进步的发展，社会、经济、政治和文化构成的迅速多样化，以及地方、国家和全球大量未解决的、更加复杂的、新出现的问题和冲突，教育和课程以越来越快的速度发生变化。人们对进一步提高或优化学生技能和能力、课程质量和活力以及教育责任和创新提出了更多的要求。为了实现理想的课程发展，印度体育课程建设更加趋向以下趋势。

（一）教学逐渐信息技术化

当今时代是 ICT 时代，ICT 技术已经触及印度人生活的方方面面。技术使各种任务变得简单、方便和高质量，每个人都具备了相关技术知识和技能。为了能够提高课堂效率以及普及 ICT 技术，印度教育部要求必须将信息技术运用到教学实践中。

（二）学分制模块化课程

模块化课程提供了真正的学习自由，特别是在开放学习系统中，模块化课程最初被采用，但现在大多数传统大学也接受该系统。

（三）在线课程

学生基于自身需求的兴趣爱好可以在网上获得相关的体育课程。Com 推出了许多有用的免费课程。印度政府向印度人民推出了知情权证书课程，该课程是免费的，并通过在线模式进行免费学习。

（四）课程学习与课外学习的整合

教育中对围绕课堂内外学习所划定的界限是扩展学生主动学习的一个主要问题。以社区为基础的计划、课外计划、非正式学习、自我指导的项目、个人阅读和实验、个人学习网络、校内和校外的课外活动/爱好/运动都是丰富的学习场所。数字网络中的许多内容以及基于能力的教育运动的优势能够帮助人们在认识、庆祝、记录和分享这种更广泛的学习时想象新的可能性。因此，课程学习与课外学习的创新模式会得到更加广泛的关注，发展重点是如何更周到、更系统地融合课堂学习和课堂以外的所有学习。

（五）体验教育课程

许多学习组织缺乏资源和专业知识来为学生设计强大的沉浸式体验教育，但一些学校和教育工作者对体验教育课程的相关实验给予了一定的关注，并认可通过教育体验课程可以增加学生对相关教学课程的兴趣和参与度。

第五节　体育教师

印度教师主要受联邦教育部、国家教育研究与培训委员会、全国教师教育委员会和各邦政府及邦教育研究与培训委员会的管理。多年来，经过印度政府的不断努力和调整，其教师系统得到了一定的发展和完善。

一、体育教师工作概述

在印度，教师被认为是负责教育系统质量的最重要资源。他们扮演着多重角色，履行自己的职责。其中包括设计和准备课程，促进所有学生的学习，创造有利的学习环境，与社区建立联系，促进学校发展，同时继续参与自己的专业发展活动。大多数情况下，教师都有很高的技能、积极性和充足的资源，能够发挥出最大的能力。

二、体育教师职业的性质与特点

印度体育教师需要向学生宣传锻炼和营养的重要性，根据国家要求，成为小学或高中体育教师需要学士学位和执照，某些职位可能还需要额外的培训。从幼儿园到高中，印度体育教师对学生进行身体健康和一般健康方面的指导。在该阶段的体育教师通常必须拥有硕士学位，通常是与健康相关的硕士学科学位。而在公立学校教书则需要州执照或相关证书，同时，在中学后阶段任教的老师必须拥有硕士学位或博士学位。

三、体育教师的职业素养

在印度，体育教师需要为幼儿园至高中阶段的学生授课，他们通过各种体育活动学习的锻炼来促进学生身心健康的发展，学生在体育课期间还应学习心肺复苏术、急救和整体健康等相关保健知识。因此，这要求体育教师必须具备相关教学知识；同时，由于印度体育教师较少，每名体育教师每天要上多节体育课，在教学过程中不仅需要进行动作展示，还要一直保持站立，这要求体育教师具备较高的身体素质。此外，体育教师还应全面了解相关体育活动设备；印度体育教师还应像其他教师一样制定教学计划，准备道具和设备，确保他们的课程计划符合国家教学大纲。

四、体育教师的专业发展

在印度，做好学生的榜样、拥有出色的专业技能、创造一个良好的环境等是成为一名优秀体育教师的主要特质。《体育组织与管理》将印度体育教师的专业发展归结为以下内容。

（一）个人技能发展

体育教师个人技能的发展不仅包括自身专业技能的发展还包括提高学生的个人技能。体育教师的基本职责之一是抓住学生生长发育的关键期，使学生的身体素质（柔韧性、力量、耐力和协调性）得到全面发展。由于每个学生的身体状况不同，教师需要对学生做出正确的评估，并在教学过程中根据学生的具体情况展开针对性教学，从而最大限度地开发学生潜能，实现个人技能水平的提高。

（二）人际交往

印度体育课程中强调的健康学习不单单指身体层面的健康，还包括学生精神层面的健康。教师作为学生体育课程的引路人除了要提高学生的体质健康水平，还应注重对其精神层面的引导。人际交往是推动学生走向社会、融入社会的重要能力，体育课为学生提供了一个学习与同伴进行健康互动的氛围，是提高学生人际交往能力的重要途径。体育教师应合理利用好体育课程的良好氛围，提高教学效率，从而提高学生的人际交往能力。此外，教师自身人际交往能力的提高也能促进教师自身教学水平的提高。

第六节　学校课余体育

课余体育作为学校体育的组成部分，对推动青少年体质健康、促进身心健康的发展具有重要作用。印度的课余体育被纳入课后计划中，根据不同的时间段安排不同的课后活动，不仅有利于学生自身的发展，也在一定程度上减轻了家长需要花费额外时间进行监管的负担。

一、学校课余体育的概念

印度课余体育包含在课后计划中，课后计划是一个结构化和监督的计划，发生在正常上课日后。它提供各种活动和服务来支持儿童和青少年的教育、社会和娱乐需求。课后计划主要由学校、社区组织、非营利组织或其他机构提供。国家青年暴力预防资源中心将课后计划定义为安全、结构化在放学后定期举行活动，并提供帮助儿童活动学习的新技能，发展成为负责任的成年人。活动涵盖以下主题：技术、阅读、数学、科学、艺术和体育。

二、学校课余体育的地位

印度课余体育又被称为校内活动，校内活动作为体育课程的一部分在课余时间进行。印度校内活动的设立是为了让学生参与他们感兴趣的游戏和运动，有机会参加新的团队游戏，以获得新的技能和兴趣。因此，校方必须重视校内活动的开展，无论学生的技能水平如何，都应该让学生有机会参与。

三、学校课余体育的功能

印度学校的学校课余体育是指校内活动，放学后的游戏以前被认为不属于体育和教练的范围，现在则被作为体育的一部分由体育老师计划和监督。其具体作用如下。

（一）提供学业支持

学习并掌握一项运动技术需要投入一定时间的训练，而印度一节体育课的时长有限，且一名体育教师要面对数十名学生展开教学，加上体育器材的匮乏使得学生只通过学校体育课程熟练掌握一项运动技术是十分困难的。课后计划延长了学生在课后学习相关运动项目的时长，学生能够得到更加有效的训练，一方面学生能够较为系统地学习相关运动技术；另一方面，这为日后教师教授技术水平更加复杂的体育课程打下了良好基础。

（二）充实和培养技能

课后计划提供了广泛的活动，包括艺术、音乐、体育、STEM（科学、技术、工程和数学）、领导力的发展等。这些活动有助于学生探索其兴趣，发展新技能，发现其才能，课后计划提供了超越传统课程的全面教育，从而培养学生的创造力、批判性思维、团队合作和解决问题的能力。

（三）促进社会和情感发展

印度课后计划提供结构化和受监督的环境，学生可以与同龄人进行积极的互动，这些计划能够促进学生的社交技能和合作能力，帮助学生发展健康的人际关系并建立自信。同时，参与小组活动和团队合作还可以培养归属感，降低社会孤立的风险。

（四）安全和监督

当父母或者监护人由于工作无法在放学后照顾自己的小孩时，学校的课后活动为学生提供了安全可靠的环境，课后活动所提供的监督和指导可以避免儿童参与危险活动，防止学生进入不安全的场景中。

四、学校课余体育的形式

根据学生在校内进行体育活动时间的不同，印度学校课余体育分为以下几种形式。

（一）游戏活动

游戏活动是学校根据校内可利用的设施在班主任的带领下进行指定的游戏，

时间一般安排在最后一节课。这段时间不是指导或练习，而是根据可供选择和使用的设施，用来玩小游戏或大游戏。这段时间可以由学生领导负责，也可以由班主任或体育老师监督。如果游戏场地充足，第一节课或晚上放学后的一节课被指定为游戏时间。每个班级在学生的领导和班主任的带领下进行指定的游戏，所有班主任都必须在场。这一阶段是所有学生的必修课。如果操场不够宽敞，当天有指导或练习的班级可能会在比赛结束后被取消。在设施允许的情况下，最好在放学后为所有班级安排游戏时间。这样的游戏阶段和练习阶段有时被称为“时间表内的参与”，以区别于“指导阶段”。

（二）课后社团

在学校相关课程结束后，一些学生为了能够利用学校的体育设施进行一些体育活动，通常会继续留在学校。为了满足学生的运动需求，学校会提供一些练习，如板球练习，傻瓜球，Kho-kho，体操，摔跤或其他节奏活动如童子军 N.C.、N.S.S. 活动。此时期是对校队和运动员个人进行特别指导的时候，安排了校内比赛。与其他球队的比赛和与校际比赛有关的比赛也可以在这个时候进行。可以在上学前、长时间休息期间、放学后或节假日参加。遵守自愿参加、自由选择活动以及专门辅导和实践的原则。这些活动可以班级、俱乐部或家庭为单位组织，热情熟练的老师可以帮忙，对特殊活动感兴趣并精通这些活动的志愿者和荣誉工作者也可以来帮忙。

（三）自选活动

印度每个学校都有各种各样的活动，每个学校根据自身实际拥有的体育教学设施和器材开设相关的体育活动，学生必须从中挑选一个他自己喜欢的活动。可选择的时间固定在一周一次，在此期间需要工作人员指导。

（四）午间活动

中午的休息时间一般在 20 分钟到一个小时之间，在这一时间段内，学生通常会参加一些运动强度不大的体育活动。具体活动内容则由学校实际拥有的教学设施决定，通常在室内活动场所进行。如果没有室内空间，部分学校会选择在学校的大阳台或树荫下进行午间活动。具体的活动包括：乒乓球、国际象棋、文字建设和各种桌上游戏以及沙狐球、跳棋、飞镖、曲棍球、羽毛球、网球、手球、纸牌游戏等项目。

第七节 学校体育管理

印度学校体育相较其他科目发展较为缓慢，但近年来随着国家对体育的重视，学校体育也获得了一定的社会关注以及资金支持。本节主要从印度学校体育管理及其相关的政策法规出发，对印度学校体育管理相关机构及其职能、管理内容和方法进行梳理，从而深入了解印度学校体育管理的相关背景，理清其管理思路。

一、学校体育管理概述

（一）印度学校体育管理机构及职能

1947 年，印度从英国获得独立，但是直到 1954 年才开始发展自己的体育生态系统，并成立了全印度体育委员会（AICS），主要作用是就国家体育政策、国家体育联合会的资金筹措和为精英运动员提供指导等问题向政府提供建议，以促进国家的体育发展。在 1982 年新德里亚运会之前，英迪拉·甘地领导的政府设立了一个专门的政府部门——青年事务和体育部（MYAS）来管理体育。MYAS 引入了印度有史以来第一个国家体育政策（NSP），并成立了印度体育管理局（SAI），以培养教练和体育教师，增加大众对体育活动的参与，以及增加体育基础设施。

印度的学校教育与三个委员会密切相关，分别是全国教育研究与培训委员会（NCERT）、中央中等教育委员会（CBSE）、印度中等教育证书（ICSE）。其中，全国教育研究与培训委员会负责准备全国课程设置框架，各个州也有自己的对应机构，叫作州立教育研究与培训委员会（SCERT）。这些机构主要负责向印度教育部提议教育策略、课程设置、教学体制和评估手段。SCERT 一般会遵循由 NCERT 设立的指南，但是各州有很大的自主性来实施自己的教育体系。中央中等教育委员会（CBSE）是印度学校学生的初级教育委员会，CBSE 所设置的国家级考试对公立和私立学校都有效，并直接受政府控制，印度的许多本科竞争性考试都是基于 CBSE 规定的教学大纲，是进入本科阶段的各种工程和医学课程的全国性入学考试。印度中等教育证书（ICSE）是由印度学校证书考试委员会进行的考试，该委员会是印度的一个私立中等教育委员会，属于非政府委员会，印度大部分私立学校隶属于该委员会。

（二）学校体育管理的内容和方法

体育和运动管理指南根据学校体育的课程内容和具体目标，将信息体育管理的指导方针归纳为体育教育人才、场地设施、基础设施、设备、资金和高校体育管理六个方面。

1. 体育教育人才

（1）每所学校应任命体育教育人员担任体育助教，学生与教师的比例为250∶1。

（2）除男体育助教外，男女同校学校还应任命女体育助教。

（3）体育助理教师的最低资格应为体育学士学位。

（4）学校的每一位体育人员都要完成瑜伽、自卫活动和韵律的定向课程。

（5）每个体育人员在完成10年的专业服务后，都应该有一个体育进修课程。

2. 场地设施

一个宽敞的操场是学校的重要组成部分，没有它，任何令人满意的体育活动都无法开展。场地设施的要求主要包括以下几方面：首先是具备充足的户外空间，操场应与学校相邻，以方便儿童使用，同时也有利于教师的监督以及一些教学协助。学校操场的最小空间要求应为2英亩（1英亩约合0.4公顷），应根据不同体育活动的游戏区的规格进行平整。同时还应设立围栏，最好是围绕地面设置边界墙，这能够为体育教学提供保护。

3. 基础设施

学校应为体育活动建造足够的基础设施，如体育馆、游泳池、混凝土篮球场、网球场和煤渣跑道，以确保体育教育计划的成功。由于印度的现实条件无法使每一个学校都能拥有完善的体育基础设施，一些学校建议州政府每年至少在一所或两所高中主动建设一些设施，如体育馆、游泳池。而具体选择哪个学校，可根据其在不同或相关体育活动中的表现，以及当地民众的选择而定。

4. 设备

学校必须为学生提供必要的体育和游戏设备，以便学生参加体育课程。还需要购买标准和高质量的教具，教具的选择应当确保其具有较长的使用寿命，并保证使用者的安全性。根据印度学校的实际经济状况可能无法购买不同活动所需的所有设备。因此，在购买教学用具时优先购买必需品。如果没有足够的资金，可以使用简易或低成本的设备。而这些设备统一由相关的教师和学校的工作人员进行保管。

5. 资金

管理层/当局必须为会议费用提供充足的资金，用于购买体育、游戏设备、运动装备，购买图书馆书籍，举办体育和游戏比赛（包括年度运动会），向官员、记分员等支付报酬。

6. 高校体育管理

根据高校体育的既定目标，印度高校管理层也应该加强高校体育管理，其管理规范同样包含上述五个部分，除了体育教育人才规定的数量和标准场地的大小有所不同，其他几部分要求大致一样。

二、学校体育管理政策法规

印度管理体育运动的机构分为教育系统和非教育系统两大部分，二者在机构设置上存在相互重叠的现象，在管理职能上也是相互联系、密不可分的[①]。关于学校体育管理的政策法规主要有以下几个[②]。

（一）《1984 年国家体育政策》

1984 年，印度体育管理局成立，作为体育部下属的一个自治注册社团，开始采取措施制定全面的国家体育政策，《1984 年国家体育政策》是为发展和促进国家体育而制定有利的政策框架的第一步，该政策强调发展体育基础设施，并使体育和运动成为学校课程的组成部分。

（二）《国家体育政策 2001》

在国家体育政策方面，2001 年，中央政府将与邦政府、奥林匹克协会和国家体育联合会一道，共同追求“基础广泛”的体育和“在国家和国际层面上取得优异成绩”的双重目标。国家具有潜在实力和竞争优势的体育活动需要大力推广。为此，运动和体育将更有效地与教育课程相结合。该政策指出，虽然基础广泛的体育运动将主要由各邦政府负责，但联邦政府将积极补充其在这方面的努力，并

① 张吾龙，杨薇，陈观云. 印度体育法律法规及政策发展趋势［J］. 体育文化导刊，2006（12）：63-65.

② CHELLADURAI P，SHANMUGANATHAN D，JOTHIKARAN J，et al. Sport in modern india：policies，practices and problems［J］. The International Journal of the History of Sport，2002，19（2-3）：366-383.

与印度奥林匹克协会和国家体育联合会、国家体育基金会合作，在农村和部落地区挖掘潜在人才。

（三）《2011 年印度国家体育发展规范》

印度青年事务和体育部在2011年颁布了《2011年印度国家体育发展规范》，该文件强调了体育发展的重要性，将体育发展视为国家优先事项。其中提到了政府对体育的监管和管理，包括对印度奥林匹克协会和国家体育联合会的指导和规范。此外，文章还提到了一些具体的措施和指导方针，如反兴奋剂规定、年龄和任期限制、性骚扰预防指南等，以进一步改善国家体育联合会和体育管理。

（四）《国家教育政策 2020》[①]

印度教育管理越来越注重现代化，更倾向于强调监督和管理，以此来推动教育管理的现代化发展进程。《国家教育政策 2020》的出台响应了这一发展趋势，关于学校管理和教育治理这一方面，先是要求建立和完善监管体系，通过建立教育监管制度来监督管理教育体系的方方面面，提高教育质量。此外还强调与公共教育相关的利益攸关方的共同参与，如社区、家长、教师等，以此来增强信息的公开性[②]。

第八节　印度学校体育面临的挑战与发展

由于历史原因，印度学校体育的基础较为薄弱，在印度独立后，印度政府制定了一系列政策计划来推动体育的发展，虽然进程较为缓慢，但还是取得了不少成效。在复杂多变的世界政治经济环境中，印度学校体育的发展也面临着一些挑战和机遇。

① Government of India.Ministry of Human Resource Development.National education policy 2020［EB/OL］.（2020-07-30）［2024-06-01］. https：//www.education.gov.in/sites/upload_files/mhrd/files/NEP_Final_English_0.pdf.

② 王建梁. 印度教育研究［M］. 南宁：广西教育出版社，2023：71.

一、面临的挑战

（一）学校体育地位不高

学校体育课程通常被认为是在闲暇时间、课间休息或学科教师休假时吸引学生的一门学科。很多家长担心过多的运动（游戏或其他体育活动）会严重影响学生的学习，因此，对体育课的关注较少。此外，部分学校也缺乏对体育教学和学习的理解，对学校体育课程重视度不够。

（二）缺乏基础设施和相关教学资源

体育教育需要开放的空间、室内设施、具体的练习和足够的体育器材，以提供更好的学习质量。缺乏足够的基础设施和资源是印度大多数学校面临的巨大挑战。印度是人口大国，在校学生数量庞大，而拥有教学资格的体育教师人数较少，尤其是在艺术、体育和职业教育等学科。体育教师的缺乏在一定程度上阻碍了学校体育事业的发展，尽管印度相关政府部门加大对体育教师的培训规模，但现阶段学校体育教师人数还是不能满足体育教学的需要。

（三）体育方面的学术文献不足

学术文献对学科的发展具有重要的推动作用，作为学校教育系统的一个重要组成部分，对学校体育展开相关研究有助于印度学校体育事业的发展。而印度教育部给出的相关数据表明，关于体育教育的区域研究、调查和学术文献数量较少。

二、未来的发展

（一）学校体育课程与多学科的融合

印度学者认为，体育教学为学生提供社会、身体、心理和情感上的学习，不仅可以应用于体育课程，而且可以应用于所有学习领域甚至贯穿一生。现今，由于多种原因，体育课被迫挤出学校教育课程，如何做到将体育课程与其他学科领域相结合，将可以最大限度地提高两者的学习效果。例如，印度有部分学校在体育教学中的田径课上，让学生记录他们在跳远、短跑、标枪等方面的成绩，然后将这些数据汇编并运用在数学课中，学生可以计算班级平均分，在此基础上，通过 IT 课程，学生可以使用这些数据来编辑图表、PowerPoint 演示文稿；在涉及外国运动（如地滚球或爱尔兰式曲棍球）的体育教学单元时可以将其与世界各国的文化和社会环境相关单元合并；印度体育课程中的舞蹈单元强调将舞蹈动作作为一种表达形式，与创造性写作联系相结合，学生以此来联想舞蹈所代表的内容。

（二）体育教学与信息技术相结合

现今，ICT（信息和通信技术）在印度教育领域中的应用迅速扩大。由于在教育、投影仪、智能板和互联网中使用计算机，课程变得越来越吸引人。研究项目、评估、统计分析、课程资料的收集以及与教师和学生的交流都利用了计算机和互联网技术。知识领域正在迅速发展，教师作为教育系统的一个重要组成部分，也需要根据时代的潮流及时更新教学方法和内容，以便更有效地进行教学。教育体系对当代社会的发展产生了重大影响，信通技术使学生能够使用各种工具，包括计算机和作业，按照自己的节奏学习。在当今的课堂上，有许多年轻人对技术有着浓厚的兴趣。机构可以通过将视听学习与传统黑板相结合来改善学生的学习机会。印度现今的体育教学存在教学水平低、教学资源缺乏、体育信息局限、教学过程枯燥以及教学方法过为传统的问题，这不仅要求体育教师进行 ICT 培训，还需要体育教育部门或机构配备必要的计算机以及智能教室，根据教室的 ICT 教学能力为感兴趣的学生提供更高水平的课程[①]。

① AHMED N，SARKAR A.Enhancement teaching and learning process through the application of ict in physical education［J］. Indian Journal of YOGA Exercise & Sport Science and Physical Education，2022，7（1），12–15.

第四章　学校体育在中国

第一节　学校体育的产生与发展

一、学校体育的历史沿革

（一）古代学校体育概述

中国的学校体育在奴隶社会就出现了萌芽，奴隶主为了维护自身的权益，在教育中加入了身体训练和军事训练的内容。但在之后两千年的封建社会里，儒学盛行，成为封建社会的主流思想，出现了“重文轻武”的观念，因此学校体育在古代的中国没有得到应有的发展。

（二）近代学校体育概述

1840 年鸦片战争后，帝国主义不断入侵，清政府腐败不堪，为了挽救清政府的统治危机，开始兴办军事学堂，将西方的体育引进课堂，军事课堂不但开设了近代的军事学科，还将体育课程引入其中，称为体操课。洋务运动在一定程度上促进了体育在中国的传播。1903 年清政府颁布了《奏定学堂章程》，其教育内容主要是德式体操，此章程的颁布结束了我国封建社会两千多年来没有学校体育的历史。

甲午战争中国战败，面临着被列强瓜分的危机，这时资产阶级维新派的康有为、梁启超、严复等人想通过变法来挽救中国，虽然百日维新运动以失败告终，但其引进的西方体育理论和方法以及西方的体育活动对中国的学校体育学有重大影响。

辛亥革命后，中国受西方近代体育的影响，不但有体育课，也有课外体育活动，形成了双轨制体育。

五四运动时期，思想得到空前解放，在这个时期，我国的学校体育学得到了空前的发展。1917 年毛泽东在《新青年》上发表了著名的《体育之研究》[①]，其中就指出了“欲文明其精神，先自野其体魄”。强调体育的重要价值，他认为体育是健康的基石，没有强壮的身体，空谈德与智就是镜花之月。一个民族是否能长久地屹立于世界之林，其核心就是拥有健康的体魄。这篇文章直到今日都是论述体育最深刻的文章之一。

1922 年颁布了《壬戌学制》，其参考了美国的“六三三制”的形式。这是自新文化运动开始后，我们所进行的教改活动的总和。1923 年《新学制课程标准》中，将“体操科”改为“体育科”，取消了兵式体操，将近代体育项目如球类、田径、游泳、体操列为主要的教学内容。它是中国近代体育课程的一次重大进步与突破，是对体育课程比较全面与正确的理解，提高了体育教育的质量。

在南京国民党政府统治时期，先后出台了许多体育法令，1940 年颁布的《各级学校体育实施方案》规定各级学校体育课一律必修，该方案是我国近代史第一个比较全面的学校体育实施方案。

（三）新中国成立以来学校体育概述

新中国成立以来，学校体育得到了全面的发展，取得了重大的突破，其大致可分为 4 个阶段。

1. 初步创立阶段（1949—1957 年）

新中国成立之初，十分重视国家学校体育事业的发展，毛泽东同志先后于 1950 年和 1951 年作出“健康第一”的指示。在 1951 年召开的第一次全国中等学校教育会议上，学校体育作为人才培养的重要领域首次被列入国家教育政策。1951 年中央人民政府颁布了《关于改善各级学校学生健康状况的决定》、1953 年颁布了《关于中学体育成绩暂时考核办法的通知》、1956 年颁布了《小学体育教学大纲》和《中学体育教学大纲》，1957 年出版了《小学体育教学参考书》和《中学体育教学参考书》，这对推动我国学校体育的发展具有重要意义。

---

① 毛泽东. 体育之研究［J］. 新青年，1917，3（2）.

为了推动新中国体育事业的快速发展，中国国家体委颁布了《劳卫制》，在促进学校体育发展方面，发挥了不可替代的作用。为解决学校体育师资短缺的问题，中国先后创建了 6 所体育学院，缓解了体育教师不足所造成的影响。

2. 曲折发展阶段（1958—1965 年）

“左”的思潮也对教育体制造成了一定的影响，从而扰乱了学校和体育的正常教学，危害了学生的身心健康。1961 年，在党中央“调整、巩固、充实、提高”的方针下，学校体育重新得到恢复与发展。1963 年，教育部在北京召开了各省、市、自治区教育厅体育干部座谈会，就如何开展中小学校体育、卫生工作、提高教学质量、积极开展活动和竞赛以及提高教师业务水平进行了探讨，促进了学校体育的发展。

3. 严重破坏阶段（1966—1976 年）

“文化大革命”使得学校体育教育事业的发展受到严重的破坏，新中国成立以来学校体育事业发展的成果被否定，学校管理失控，体育课已被军事训练、劳动所取代，使学校的体育教学受到了极大的损害，对师资造成了很大的影响，同时运动场地和设备也受到了严重破坏。

4. 快速发展阶段（1977 年至今）

1977 年，“文革”结束。1978 年党的十一届三中全会召开，中国学校体育的现代化的进程也逐步开启。在改革开放新形势的推动下，中国的学校体育进入了全新的发展阶段，学校体育工作不断步入正轨。

1979 年 5 月，在扬州开展了“全国学校体育、卫生工作经验交流会”。这次盛会，堪称中国学校体育发展史上的一座丰碑。1990 年 3 月 12 日，国家教育委员会和国家体委联合颁布了《学校体育工作条例》，它标志着中国学校体育学进入法制化的轨道。

2002 年颁布了《学生体质健康标准》，落实健康第一的指导思想，加强学校的体育工作，鼓励学生积极参与体育，提高学生的健康水平。

2006 年 12 月 23 日，召开了新中国成立以来的第一次全国学校体育工作会议，会议决定启动“全国亿万学生阳光体育运动”。

2007 年 5 月 7 日，中共中央、国务院下发《关于加强青少年体育增强青少年体质的意见》，这是新中国成立和学校体育有史以来规格最高的一个文件，对我国教育特别是学校体育产生了划时代的意义。

为了规范体育教学、提高学生身体素质、养成健康的生活习惯、使学生自发参与体育锻炼，教育部印发了《国家学生体质健康标准（2014 年修订）》，它是评价学生综合素质、评估学校工作等的重要依据，是国家针对不同年龄学生体质健康的基本要求，是学生体质的个体评价标准。

二、学校体育的思想变迁

（一）军国民学校体育思想的传入

军国民体育思想是人们对军国民体育的理解，它属于军国主义教育形式，主要服务于国家或战争的需要。军国民体育可追溯到晚清时期蔡锷等一批留学生，以 1902 年蔡锷以奋翮生为笔名的《军国民篇》和蒋百里的《军国民之教育》为标志。

辛亥革命后，蔡元培倡导“五育”并举，即军国民教育、实利主义教育、公民道德教育、世界观教育和美感教育。1914 年，第一次世界大战爆发，一年后，日本向袁世凯提出了“二十一条”，这引起了中国各个阶层的不满，并提出了要加强中国的军队训练体育。此时，军国民思想达到高潮。

（二）自然主义学校体育思想的传入

在新文化运动期间，“民主”“科学”等新思潮在中国广为传播的同时，国人也逐步认识到了军国民体育存在“僵化”和“侵略”的弊病，并开始对其进行抨击。在 1919 年第五次全国教育联合会议上，对军国民体育明确提出否定。自然主义学校体育思想具有以下几个特征[①]。

1. 强调体育育人

体育不只是简单的身体训练，应该将它理解为通过身体的运动来教育人的活动，教育才是它最终的目的。他们认为体育不仅可以提高人们的行为标准、道德标准，学会运动技能还能丰富余暇时间，达到娱乐的功能。

2. 强调体育融入生活

在杜威实用主义教育理念的影响下，自然主义学校体育思想也提出，“体育必须和生活打成一片，使体育成为生活的实践”，并认为生活等于技能、理想、态度、习惯的总和，学生离校后仍然要继续进行体育锻炼。

① 周登嵩. 学校体育学［M］. 北京：人民体育出版社，2018：23–24.

3. 推崇自然活动作为体育的重要思想

自然主义的体育思想将19世纪德国和瑞士的体操运动，看作反人性的东西，它提倡以儿童为本的游戏、舞蹈、竞技运动和野外活动等。同时十分推崇竞技体育，认为它是体验生活的良好形式，既能展现人的才华又能体现人的道德和社会价值。

（三）苏联社会主义学校体育思想的传入

1949年新中国成立，由于新中国成立初期的国际形势和我国体育发展的需要，向苏联学习成为必然趋势。苏联社会主义学校体育思想在国内迅速传播，成为我国学校体育的主导思想。以下是苏联社会主义学校体育思想的特征[①]。

1. 强调学校体育的“阶级性”和“工具性”

这与“体育至上”“超阶级”的学校体育观点划清了界限，在此基础上，提出了学校体育必须服从于社会、阶级利益、服务于社会主义、服务于劳动生产、服务于国防。

2. 强调学校体育管理制度的统一性

首先，政府要成立相应的管理组织，保证学校体育活动的正常开展；其次，要把学校体育教学各个环节有机地结合起来，保证学生能进行一次统一的体育教育过程。

3. 强调学校体育是共产主义教育的手段

学校体育要求爱国主义、集体主义、社会主义劳动态度和自觉的纪律教育，并将政治思想教育贯穿学校体育的全过程之中。

4. 重视体育教育过程中运动技能技巧的传授

受凯洛夫思想的影响，苏联社会主义学校体育注重知识和技能的传授、注重教师、课堂和教材“三位一体”的教学方式，注重在教学中学习体育知识和运动技能，在这个过程中发展多种身体素质。

（四）学校体育思想的初步形成

自军国民学校体育思想进入中国后，在近一百年的摸索中，中国于1980年左右，以“体质教育”思想的建立为标志，形成了独立的思想体系。它强调将学生的体质放在中心位置，批判我国体育过度重视技术的发展而忽视了学生身体的

① 周登嵩. 学校体育学［M］. 北京：人民体育出版社，2018：25.

发展。

（五）现代学校体育思想

随着国际教育环境的不断变化，我国的教育也在不断发展与创新，学校体育思想也出现了多元化的趋势，如终身体育、快乐体育、身体全面发展、健康教育等思想。[①]

第二节　学校体育的结构、功能与目标

一、学校体育的结构

按时间顺序可以将学校体育结构划分为学前教育阶段体育、初等教育阶段体育、中等教育阶段体育和高等教育阶段体育 4 个部分。[②]

（一）学前教育阶段体育

1. 学前教育阶段的对象与内容

中国的学前教育是 3～6 岁学生的教育。这个阶段他们在身体和心理上的发展呈现出不平衡、不协调等特点。在这个阶段的体育教学内容有：跑步、跳跃、爬行、投掷、骑行、体操、平衡、协调、空间感、创新性。

根据这个阶段学生的认知条件决定了此阶段体育应以游戏为主，通过选择具有趣味性和有教育意义的游戏，在游戏中挖掘学生的运动潜能，他们在游戏中不知不觉地得到锻炼。通过游戏的方式也可以提高他们的兴趣、竞争意识、集体参与意识。

2. 学前教育阶段的重点

这个时期的体育教育应以培养学生的兴趣为主，在此基础上加强学生的动作指导，帮助他们形成简单、正确的动作技能，这对他们下一个阶段学习新的、复杂的运动技能奠定基础。

---

① 刘欣，刘新民. 我国近现代学校体育思想发展的阶段特征探析［J］. 山西师大体育学院学报，2009，24（2）：92.

② 周登嵩. 学校体育学［M］. 北京：人民体育出版社，2018：60.

（二）初等教育阶段体育

1. 初等教育阶段的对象与内容

中国的初等教育包括了小学和初中阶段的教育，学生年龄在六至十五岁之间。对于 1～2 年级体育教学的内容以基本动作技术的学习和体育游戏为主。3～6 年级体育教学需增加强度与难度，如小篮球、小足球等具有竞争性的运动以及武术体操等组合技术动作。初中阶段体育教学内容以学习各种运动技能为主，并要加强体育与健康等理论知识的学习。

2. 初等教育阶段的重点

在学前教育的基础上继续培养学生对于体育的兴趣，加强对运动技能的学习，提高学生的运动能力，加强对学习体育与健康等理论知识的学习。

（三）中等教育阶段体育

1. 中等教育阶段的对象与内容

中国的中等教育是指普通高中、职业高中和各种中等专业学校的学生，学生年龄一般在十六至十八岁。《体育与健康标准》将高中阶段的学习内容分为 7 个方面，包括田径类、球类、体操类、水上或冰雪类、民族传统体育类、新型运动六个运动技能系列及一个健康教育专题系列。

2. 中等教育阶段的重点

在进行运动技能学习的过程中提高学生的运动能力，培养学生对体育的兴趣，提高他们自我锻炼与自我学习能力。在体育学习的过程中培养竞争与合作意识，提高社会适应能力。在学生观看体育赛事的过程中对体育知识、技术动作、文化进行讲解，提高学生的体育文化内涵。

（四）高等教育阶段体育

1. 高等教育阶段的对象与内容

中国的高等教育包括专科、本科学生、硕士和博士研究生，学生年龄一般在十七至三十岁。高等教育阶段体育学习的内容以运动项目为主，学生根据自身的喜好选择不同的项目进行学习，这样更能激发学生对体育学习的兴趣。同时体育学习的内容可与社会的需要结合起来，为学生今后的职业发展道路奠定基础。

2. 高等教育阶段的重点

此阶段体育的重点是培养学生综合的体育文化素养。提高学生对体育的理解能力、提高学生参与体育实践的能力、提高学生欣赏比赛的能力、培养学生养成众生参与体育的能力。

二、学校体育的功能

学校体育的本质功能是强身健体前提下的育人，即育体和育心的结合。①

（一）教育功能

1. 促进智力的发展

哈佛法学教授霍华德·加德纳提出过多元智力理论。学校体育学能培养学生多元智力中的身体—动觉智力，通过体育运动学生们能够更好地控制身体、更熟练地操控运动器械、更好地协调身体和头脑；培养学生的视觉—空间智力，学生能提高自己感知物体的能力；培养学生的自知、自省能力，能意识到自己心理活动的变化及其原因，能理解他人思想和情绪的变化；培养学生的交流—交往智力，能理解他人的情绪、能对他人的行为和语言做出反应、能影响他人的行为。②

2. 形成优良品德

在体育活动的过程中，学生需要遵守相应的规则，诚信比赛，长久下来可以使学生形成规则意识、提高学生的体育道德感。

3. 提高抗挫折能力

体育中有竞争，有竞争就会出现输赢，在面对失败时，学生可以通过反思总结失败的经验，不断跨越困难、磨炼调整心态，提高抗挫折的能力。

（二）健身功能

1. 促进身体健康

学校体育是通过学习体育的基本知识、基本技术、基本技能来激发学生的运动能力，提高学生体能水平，增强体质，促进学生身体健康的全面发展。

2. 促进生长发育

青少年处于身体生长发育的关键时期，身体的可塑性强。体育锻炼可以促进

① 刘世磊，黄彦军. 新时代我国学校体育发展的功能凝集与思想引领［J］. 武汉体育学院学报，2018，52（12）：6.

② 刘海元，田凌. 体育学科对培养学生智力内容与结构的研究［J］. 西安体育学院学报，2005（1）：112-113.

学生机体的生长发育，改善骨骼的血液循环，促进骨密度的增厚，骨骼生长，同时骨骼的抗折、抗弯、抗压缩能力也会得到提高。

三、学校体育的目标

（一）学校体育目标的含义

学校体育的目标是指在一定时期内，学校体育实践达到预期的结果，它是学校体育的出发点和归宿。

（二）确定学校体育目标的理论依据

1. 社会发展的需要

随着社会经济、政治、文化的不断发展，学校体育的目标也需要跟随社会的发展不断变化，党的二十大提出了要“加强青少年体育工作，促进群众体育和竞技体育的全面发展，加快建设体育强国”。我们应响应政策的要求，使学校体育的目标与社会的发展步调相一致。

2. 学生身心发展的需要

学校体育最终的落脚点是学生，学校体育的主体也是学生，因此，确定学校体育的目标时应以学生为出发点，2018 年 9 月 10 日，习近平在全国教育大会上强调：“要树立健康第一的教育理念，开齐开足体育课，帮助学生在体育锻炼中享受乐趣、增强体质、健全人格、锤炼意志。”这说明学生的身心健康发展是学校体育的重中之重。

3. 学校体育的基本功能

在确定学校体育的目标时，要考虑学校体育本身具有的功能，否则学校体育不具备可行性，就无法实现自身的价值和学校体育的目标。

4. 基本国情条件

时代不同、条件不同对我国学校体育的目标所提出的要求也不同，在我国经济发展水平不同的地区所面对的师资、经费、器材设备等也不同。因此，学校体育目标的确立要根据不同地区的差异来确定。

（三）实现学校体育目标的途径

体育教学的目标是通过体育课程和课外体育两个基本的途径来贯彻和实施

的。体育课程是有计划、有目标的体育教学活动。课外体育包括早操、课余体育运动训练、课余体育竞赛、休闲体育活动等。学校体育的这两个不同途径是学校体育的重要环节，这两个不同环节也具有不同的侧重点。因此，要注意两种途径之间的不同特点，使两者相互协调，共同实现学校体育的目标。

第三节　体育教学

一、体育教学目标

（一）体育教学目标概念

体育教学的目标是通过教师的教和学生的学来达到师生预期的学习结果和标准。

（二）制定体育教学目标的功能

1. 定向功能

体育教学目标为教师的教学和学生的学习指明了方向，体育教师在教学过程中所选择的教学方法、教学手段、教学组织形式，学生的学习步骤，运动场地、运动器械的选择等，都要以教学目标为依据。

2. 激励功能

当体育教学目标的价值符合学生的内部需要时能够引起学生的兴趣，激发学生的学习动机，进一步转化为学生学习体育和参与体育教学活动的动力。在制定体育教学目标时要注意目标的难易程度需适中，若教学目标的难度过高或过低，将难以激发学生的兴趣。只有教学目标的难度适中时，才能激发学生学习的动力，并朝着这个目标不断前进。

3. 评价功能

体育教学目标能够对体育教学的最终效果进行判断，成为对教师的教学效果和学生的学习效果进行评价的标准。因此，具体的、可测性的体育教学目标是进行科学评价的前提。

（三）制定体育教学目标的原则

1. 整体性原则

体育教学从纵向上看可以分为不同学年、不同单元、不同课时。从横向上看包括培养学生的运动能力、健康行为和体育品德等。在设计教学目标时，要将横向和纵向的教学目标关联起来，才能保证体育教学最终目标的实现。

2. 灵活性原则

体育教学的过程会受到各个因素的影响，因此体育教学目标也会因为不同因素的变化而变化。

3. 发展性原则

既要着眼当下，又要放眼未来，使学生通过不同阶段的体育学习不断成长，获得健康的身体。

4. 可测性原则

体育教学目标要能够进行测量和评价，这样才能知道学生是否达到了预定的目标。因此，体育教学目标必须明确、具体，这有助于体育教学工作的实施及检验教学质量。

二、体育教学设计

（一）体育教学设计概念

体育教学设计是对教学进行最优化研究和计划工作，是体育教师必备的教学技能。

（二）体育教学设计依据

1.《体育与健康课程标准》基本理念

《体育与健康课程标准》是由国家教育行政主管部门制定的学生在学习体育与健康课程标准与健康素养方面应达到的要求。它反映了我国对各年龄阶段学生体育与健康知识、身体健康、运动技能、心理健康和社会适应性的需求。

它是课程管理与评价教学质量、编写教材实施教学的依据。为此，必须按照《体育与健康课程标准》的要求，制定切实可行的教学方案。

2. 学生的身心发展特点

学生的身心特点影响体育教学的内容、方法、手段、组织形式等，因此，在制定体育教学设计时要考虑学生的身心发展特点。其中包括：学生的年龄、运动水平、学习态度、兴趣爱好、学习动机等。

3. 教学内容特点

教学内容的选择要符合不同学段学生的特点，不同的教学内容要求教师使用不同的场地器械和教学策略，因此，教师要充分掌握教学内容，使教学设计更加科学合理。

（三）体育教学设计原则

1. 健身性原则

在体育教学设计的过程中，教学目标、内容、方法、场地器材等的安排与设计都要遵循学生身心发展规律和运动技能形成的规律。运动负荷的选择要依据学生的接受程度来制定，坚持“健康第一”的主题。

2. 多样性原则

在进行体育教学设计的过程中，根据不同年龄阶段学生的特点结合学校的实际教学条件，选择不同的教学内容、教学方法、教学教具、教学组织形式，以此来调动学生在体育课堂上的积极性。

3. 开放性原则

学生是学习的主体，在体育教学设计的过程中要为学生留出想象与发挥的空间，激发学生的想象力和创造力，使学生更加积极地参与课堂、融入课堂，更加积极主动地参与体育学习，成为学习的主体。

三、体育教学过程与原则

（一）体育教学过程

1. 体育教学过程概念

体育教学过程指在体育教学中为达成一定的体育教学目标，体育教师与学生等教学组成要素相互作用而展开教学活动的过程。

2. 体育教学过程的基本阶段

1）准备阶段

体育教学的准备阶段是体育教学的首要步骤，包括教师备课和学生预习。

教师备课：教师备课时要按照《体育与健康课程标准》的要求和所处学校的体育教学资源，结合学生的体育基础，选择最佳教学手段，以此来取得最好的教学效果。

学生预习：预习是学生在教师上课前对教材中的内容提前进行学习。

2）实施阶段

体育教学过程准备阶段的下一过程是教学的实施阶段，在这个阶段要做到有明确的目标、对过程进行合理的调控、与学生积极互动。

3）检查与评价阶段

检查与评价是体育教学过程的最后一个阶段，它可以帮助学生了解对运动技能的掌握情况，发现体育教学过程中存在的不足，以便及时进行补救。

3. 体育教学过程的基本特点①

1）体育教学环境的开放性

大多数体育课都是在室外进行，室外体育课会受到天气、噪声、地面平整度等因素的影响。这就对课堂的组织提出了更高的要求。不同的体育教学内容、教学器材要求教师对学生进行不同的分组，这就使得教学过程变得更加复杂。需要教师在教学前对教学的每一个环节进行精心的设计，来保证教学效率和教学效果。

与室内进行的文化课相比较，学生只需要认真听课，分组活动较少，不需要教师进行特别的组织。

2）运动技能学习的重复性

运动技能的掌握不是一蹴而就的，它需要经历长期的反复练习才能熟练地掌握，动作技能的形成过程包括泛化阶段、分化阶段、巩固与自动化阶段。在一节45 分钟的体育课上，面对 50～60 名有着不同运动能力和学习能力的学生，不可能做到专门化、精细化的教学，只能对运动技能进行粗略的掌握和学习。这就要求教师在教学过程中合理安排练习形式和练习时间，通过多次反复的练习达到掌握、提高运动技能的目的。

3）承受身心负荷的双重性

体育教学过程要求学生的肢体参与运动，使学生承受身体上的负荷，并需要

① 周登嵩. 学校体育学［M］. 北京：人民体育出版社，2018：151-153.

发动思维与情感去体验，使学生承受心理上的负荷。在学习运动技能的过程中，要进行大量的身体练习，学生会出现身体疲劳、肌肉酸痛等现象。在学习有一定难度的运动技能时，还需要学生克服心理上的恐惧，在与困难斗智斗勇并最终战胜困难和恐惧的过程中，使得学生的心理变得更加坚强。

4）人际关系的多边性

在体育教学过程中教学的组织形式会不断出现变化，如出现师生之间、学生之间、小群体之间的频繁交往与互动，同时学生在不同的群体中会不断地变换角色，在角色变换的过程中需要群体的相互鼓励、合作、评判等。这种多角色的互动有利于培养学生的合作能力、与人交往的能力、社交能力、社会适应能力。

5）教学效果的全面性

体育教学对学生的身体和心理都能产生较为全面的影响，能够使学生拥有健康的体魄、坚强的意志品质。

（二）体育教学原则

1. 体育教学原则概念

体育教学原则是根据一定的体育教学目标，以对体育教学规律的认识为基础，用以指导体育教学实践工作的基本准则。①

2. 体育教学的基本原则

1）直观性原则

在体育教学的过程中，教师需要给予学生正确的直观的概念，教师应生动形象地去讲解和示范，让学生通过感官建立暂时性的神经联系，形成正确的动作联结。通过教师标准的示范或图片、视频、录像等都能达到直观性教学的效果。

2）主体性原则

在体育教学的过程中，学生是学习的主体，在课堂中教师要尽量挖掘适合不同学生的运动方式，让每个学生的潜能得到释放，让他们在体育课上感受到体育的魅力，让他们享受体育、爱上体育。学生在体育课上要跟随老师的指导积极参与，并充分发挥自己的主观能动性。

3）个性原则

在教学过程中，教师可以创造出适合学生个性的、有自由度的组织安排，展

---

① 杨文轩，张细谦，邓星华. 学校体育学［M］. 北京：高等教育出版社，2016：108-114.

开多样化、多类别的“选学”教学、分层教学等，让学生能根据自己的实际情况去选择学习的内容、学习的负荷等。[①]

4）全面性原则

在教学过程中，要教会学生学会基本的运动技能，使他们的身体和心理都能得到发展，也要让学生在德育、美育、智育方面得到全面发展。教师在对学生进行教学时，要注意目标的全面性，使学生了解身体健康与全面发展的需要，为下一阶段体育学习打好基础。

5）适宜负荷原则

适宜负荷原则要求教师合理地安排运动量和运动强度，既要使学生掌握运动技能，也要在学生身体能够承受的负荷下使其身体得到锻炼。运动量过小无法满足学生的身体活动量以及掌握运动技能，运动量过大会对学生的健康造成损害。教师要针对不同年龄阶段的学生，合理地安排学生的负荷量。

6）技能引领原则

在课堂上教师需要在有限的时间内让学生尽快掌握运动技能，在这个过程中培养学生兴趣、强身健体，为终身体育打下基础，即让学生在学习技能的过程中实现增强体质、培养学习兴趣、完善心理等多元目标。

7）安全性原则

在体育课堂上会进行剧烈的身体活动或有器械的活动，教师在上课前需要排除一切可能在课堂上出现的安全问题，对运动器械进行检查并对学生进行安全教育，提高学生的安全意识。

四、体育教学方法

（一）体育教学方法的概念

体育教学方法是指在体育教学过程中，体育教师和学生为了实现体育教学目标而采取的相互作用的有效活动方式的总称。[②]下面介绍几种常用的教学方法。

---

① 凌军，张振华. 论体育教学原则的现代重建［J］. 安徽师范大学学报（自然科学版），2017，40（1）：101.

② 刘新民，王晓艳. 学校体育学［M］. 北京：人民体育出版社，2022：79.

（二）常用的体育教学方法

1. 语言法

语言法是指在体育教学中，通过多种形式的语言对学生进行引导，并使学生掌握运动技能的教学方法。语言法的优点是能同时向许多学生传递信息，提高教学的效率。正确地使用语言法能启发学生思考，提高学生的认知，激发学生的学习兴趣，促进运动技能的形成，培养学生的分析能力和解决问题的能力。

在体育教学中语言法运用的具体方式有讲解、口令与指示、口头评价、口头汇报、“默念”和“自我暗示”等。

2. 直观法

直观法是指在体育教学中，通过直接示范或借助外部辅助的手段，让学生通过多种感觉器官对运动进行直接的感知。主要包括示范法、演示法等。

1）示范法

在体育教学过程中，教师通过自己或学生完成的动作为规范来帮助学生进行学习。通过正确的示范使学生形成正确的动作表象，激发学生的模仿兴趣和学习兴趣；通过错误的动作示范帮助学生克服错误动作，形成正确的运动技能。

2）演示法

演示法是通过直接的展示、示范等让学生能更好地理解和掌握知识。同时教师还能结合电影、电视录像进行直观的教学。进行演示法时要注意与讲解示范法结合起来。

3）完整练习法

完整练习法指将动作从头到尾，完整、连续地进行教学。完整法适用于难度不高的技术动作。完整法有利于学生完整地学习动作概念，保持动作结构的完整性，其缺点是不能很好地把握比较复杂并且难以分解的部分。

4）分解练习法

分解练习法就是把一套完整的技术动作分段进行体育教学的方法。分解练习法适合于难度较高又易于分解的技术动作。分解法有利于降低动作技能的学习难度，提高学生的学习信心，缺点是破坏了动作结构的完整性，影响正确动作技能的形成。

五、体育教学评价

（一）体育教学评价的概念

体育教学评价是依据一定的体育教学目标和标准，对体育教学过程进行系统的检测，并判断其价值和优缺点以求改进的过程。

（二）体育教学评价的功能

1. 信息反馈功能

通过教学评价教师能够及时了解在教学过程中出现的问题，并及时调节教学的方法、教学节奏，提高教学的质量，最终达到教学目标。学生能通过教学评价对自己的学习过程进行反思和提高。

2. 鉴别功能

体育教学评价能使学生了解到自己在体育学习方面存在的长处和不足，使教师了解到在教学中存在的优缺点。此外，它还能为学校管理者提供学生的留级或分班、教师职务升迁等的决策依据。

3. 激励功能

无论是较低或较高的教学评价都能对老师和学生起到激励作用，较高的教学评价能激励老师和学生的教和学，使他们在精神上获得极大的满足，使他们为自己制定更高的教学和学习目标，较低的评价能促进和督促教师与学生奋进。

（三）体育教学评价的原则

1. 客观性原则

在进行体育教学评价的过程中要坚持客观性原则，所有信息的获取都要符合客观事实，减少主观的判断，避免因主观情感的加入而使教学评价丧失了公正性。

2. 指导性原则

指导性原则就是要在教学评价中让被评价者认识自身的优点和不足，并能够对教学过程提出改进意见，发扬被评价者的优点，克服被评价者的缺点，使其教学能向更高的水平发展。在贯彻这一原则的过程中，要有相关的评价资料，要让评价能使被评价的人信服，并要及时地对评价者进行反馈，方便其对工作进行及时的变动。

3. 科学性原则

评价要具有科学性、合理性。落实这一原则，要根据体育教学目标统一的指标和标准进行评价。评价过程中可以使用先进的科学技术成果，使获得的信息能得到科学的处理，同时也可以采用定性与定量相结合的分析。

六、中国体育教学的本质与特征

（一）体育教学过程的本质

体育教学过程是一种多目标、多层次、多形式的过程。“从认识论上讲，体育活动是一种认知活动；从结构理论的观点来看，体育教育是培育学生智力和体能的多层级动态过程，以培育学生体育知识和发展体能为基础；从控制论、信息论观点来看，体育教学过程就是由教师与学生的教与学构成的信息传递和反馈控制过程；从教育心理学观点来看，体育教学过程就是以学生的认识为基础的综合的心理活动的过程，是以能力为中心的培养、塑造和发展统一的过程；从运动生理生化的观点来看，它也是一种符合人体功能活动的变化与人体运动适应性的过程，是学生身体素质发展的一个过程；从社会学的观点来看，体育教学过程是一种德育活动，是完善学生个性的社会性教育过程。”①

（二）体育教学过程的特征②

1. 身体直接参与

体育教学与其他认知类的教学不同，它需要身体的直接参与。通过体育锻炼，让学生掌握体育知识、运动技能、发展学习与运动能力、培养意志品质、形成正确的价值观。在实现体育教学目标的过程中，学生身体方面的差异要比学生智力方面的差异大而明显。

2. 体力与智力活动相结合

学生在体育课的学习过程中，需要进行各种身体活动，消耗一定的体力，这看起来是一种体力活动，但其实在进行身体活动的过程中不但需要体力的参与还

① 刘清黎. 体育教育学［M］. 北京：高等教育出版社，1994：23.

② 潘绍伟，于可红. 学校体育学［M］. 高等教育出版社，2015：108-109.

需要智力的参与，这样才能保证体育活动的正常进行。

3. 身体承受一定的运动负荷

在体育教学中，机体的运动系统、循环系统、神经系统、呼吸系统等都会参与工作，这会使学生的身体承受运动负荷，并且随着运动的不断进行，身体会出现疲劳的状态，老师要根据不同学生的身体承受能力，选择适合学生的运动负荷，使学生在合理的运动负荷下学会运动技能。

第四节　体育课程

一、体育课程概述

体育课程是以发展学生体能、增进学生身心健康为主的一种特殊的教学课程。它和德育课程、智育课程、美育课程、劳动教育课程一起促进学生身体和心理素质的发展，是整个学校教育的一部分。[①]

二、体育课程类型

（一）学科课程与活动课程

学科课程是建立在传统的、被认可的体育知识和运动技能之上的，根据体育教学目的的需要，从体育知识和标准的运动技能方面挑选出一些要素，并按照其内部的逻辑系统来组织的一门体育课程。学科课程以知识的传授为主，主要以班级为单位进行授课，学生大都主动地接受老师提供的信息。活动课程就是从学生的体育兴趣、需要和能力出发，围绕着学生的主体活动体验进行组织的。[②]活动课程需要学生运用多学科的知识，多为老师通过直接经验进行教学，学生能更好地去探究、解决问题。

① 吴志超，等. 现代教学论与体育教学［M］. 北京：人民体育出版社，1992.

② 范海荣，任继祖. 学校体育学［M］. 上海：复旦大学出版社，2009：64.

（二）分科课程与综合课程

分科课程注重体育文化和技能的独立性与完整性，让学生在一段时间内对体育文化和体育技能有一定的了解，如篮球、足球、排球。分科课程的缺点是不利于学生综合能力的发展。

综合课程是用各种体育知识和活动促进学生体质的提高，将多种体育知识、运动技能、身体素质结合起来，促进学生的全面发展。它具有灵活性和可变性，其教学会因不同的教师而呈现出截然不同的效果。

（三）必修课程与选修课程

必修课程是国家、地方、学校规定的学生必须学习和体验的课程。可以为学生今后的体育学习生涯奠定基础。

选修课程是学生根据自己的兴趣和需要去选择的课程，它可以帮助学生培养兴趣爱好，让学生学到更多的知识，使学生获得更多的学习空间和发展空间。

（四）国家课程、地方课程和校本课程

国家课程是由国家教育行政部门负责编制、实施和评价的课程，体现国家的教育意志。

地方课程是由地方教育行政部门根据国家课程标准以及各地的需求而开设的课程。校本课程是由学生所在学校的教师编制、实施和评价的课程。学校可以在保证国家课程和地方课程正常开展的前提下实施校本课程。实施过程中应充分考虑学生的兴趣和学校的特点，并充分利用学校的课程资源，进行自主的课程设计和选择。

三、体育课程编制

体育课程是体育教育目标得以实现的基本途径。体育课程改革要求体育工作者根据学校体育的特点、学生与社会的实际情况，制定出科学、有效、切实可行的体育课程。[①]

---

① 陆作生，伍少利. 体育课程的编制［J］. 北京体育大学学报，2004（4）：514.

（一）体育课程目标[①]

体育课程目标是把党的教育方针落实到对学生核心素养的培养上，彰显出正确的价值观、必备的品质和关键的能力。最主要的目标是让学生学会运动技能，同时向他们贯彻要勤于练习、以赛代练的观念。在此过程中让学生感受体育的乐趣、培养学生的兴趣、提高学生心理素质、提高学生的社会责任感、健全学生意志品质。

（二）体育课程内容

目前我国实施国家、地方、学校三级课程管理体制，体育课程内容需各省（市）教学职能部门审核与审批；其内容不但要教会学生运动技能，还要促进学生身心发展、提高学生体质、培养良好的思想品德；体育内容的选择要考虑到国家、社会、学生的多方面需要，不能只考虑学生的喜好，一味地迎合学生，使体育课程变成娱乐课程，因一时的快乐影响终身体育的发展，而是要使体育课程内容符合国家培养人才的需要。体育课程内容的选取应有利于以体育智、以体育心，体现“体教融合”的教育效果，特别是在“立德树人”方面具有特殊效果的体育活动或体育情景中，更要发挥其应有的效用。[②]

（三）体育课程实施

体育课程实施是实践的过程，只有做好体育课程的实施才会使体育课程的设计变得有意义。在体育课程的实施过程中首先要确定本课的教学目标；其次要确定教学重难点；之后要科学设计教学步骤、选用教学方法。最后根据教材和学校实际情况，设计出符合学生年龄特点和兴趣爱好的器材。

（四）体育课程评价

体育课程评价包括：体育课程编制是否符合体育与健康课程标准要求，是否符合学校实际情况，还需对课程结构、组织形式做出判断；学生的学习评价，对体能、知识与技能、体育参与度与学习态度、情感表现与合作精神进行评定；教师的教学评价，课程目标、课程内容及实施、师生互动、运动负荷、教学技巧和教学成果。

---

① 阎智力. 体育课程编制审视［J］. 体育学刊，2023，30（3）：10-16.

② 阎智力. 普通高中体育与健康课程目标体系研究［J］. 体育学刊，2021，28（5）：14-22.

四、体育课程资源的开发与利用

(一)体育课程资源的概念

体育课程资源是指有利于体育课程实施与生成的各种因素和条件[①]，包括人力、物力、财力，也包括体育学科的知识、技能、情感，还包括教材图书资料以及现在科技成果等。

(二)体育课程资源的特征[②]

1. 潜在性

体育课程资源具有潜在的价值，需要通过体育课程实施主体对其进行开发利用，才能转化为现实的、有教育意义的体育课程。

2. 多样性、动态性

体育课程资源因不同年代、不同地域、不同学校、不同主体的不同而呈现出多样性、动态性特点。

3. 多质性

同一体育资源在不同的体育课程上有不同的价值，如排球比赛录像既可以用来欣赏，又可以用来分析技战术，还可以用来讲解团队精神。

(三)体育课程资源的开发与利用[③]

1. 人力资源的开发与利用

让学生发挥主观能动性和创新性，发掘新的体育游戏；让有体育特长的教师组织体育活动；让文化课老师组织体育相关的班会等。

2. 体育设施资源的开发与利用

发挥体育器材的多种功能。排球可以颠球也可进行投篮；制作简易器材，沙袋可以负重或做标志物；改造场地器材，篮球场可以用来跑步，打排球、羽毛球；

---

① 吴健，常生. 关于体育课程资源建设的理性思考［J］. 山东体育学院学报，2006（1）：122.

② 符万忠，杨乃彤，赵健，等. 体育课程资源的体概念、特征及分类研究［J］. 教学与管理，2008（27）：56-57.

③ 许世岩，季浏，谭华，等. 怎样充分利用与开发体育与健康课程资源［J］. 中国学校体育，2003（4）：9-10.

合理使用场地器械，利用学校的山川、河流等自然资源对学生进行教学，可以缓解学校器械不足的问题。

3. 课程内容资源的开发与利用

对现有运动项目进行改造，使之符合不同年龄学生的特点；引进新型运动项目；加强对民族、民间传统体育资源的开发。

4. 课外体育资源的开发与利用

可延长课间操的时间，开展大课间体育活动；重视家庭体育、社区体育、体育俱乐部等校外体育的开发。

5. 自然地理资源的开发与利用

利用水进行游泳、利用山进行越野、利用冰进行滑冰等。

6. 体育信息资源的开发与利用

利用网络、电视等观看体育比赛、获得体育资讯，充实体育课程教学内容。

五、体育课程改革的发展趋势

1. 打破教学观点的困囿，加强本土教学的创新优势

随着课程改革的推进，教学观念已经成为一个不容忽视的基础性问题。[①]在不同的历史时期，不同的教育理念呈现出来，必然会造成对参考思维的依赖性。从社会主义初期的“体质中心”理念到改革开放时期的“三基教学”战略，从世纪交替的“三维健康”思想，到 21 世纪倡导的“核心素养”，无不显示出我国体育课程教学理念在持续变革中不断前进与拓展。然而，在推进体育课程改革时，我们不能简单地复制其他国家的教育思想，而应在充分了解我国实际情况的前提下，采取互补的策略来实施体育课程的改革。2021 年，教育部颁布的《〈体育与健康〉教学改革指导纲要（试行）》，提出要更新教育观念，加强对中华优秀体育文化的传承、学科的整合和课程的思想政治教育。一方面，我们需要从民族文化和中华传统文化的角度出发，对体育课程教学观念进行改革与创新；另一方面，我们应该鼓励社会和民间的“精英”和“能人”参与体育课程的改革，通过各种方式来进一步丰富和发展本土的教学理念。

2. 缓解钟摆现象的震荡，强化体育课程的理论建设

钟摆现象在课程改革的出现，已经被教育领域视为一种理解课程发展趋势的理论

① 吕钶，胡庆山. 模式・机制・路径：体育课程改革参照的实践探索［J］. 成都体育学院学报，2022，48（5）：97-103.

框架，它甚至可以预测下一轮课程改革的时间和方向，基于钟摆的变化趋势和规律，从一个更广泛的视角看，体育课程改革中出现的钟摆现象，其核心原因在于体育课程改革的参考不当。其潜在的危害在于，可能进一步巩固基层教学中的长期问题。从另一个角度看，由于钟摆的非规律性及其所造成的破坏性效应，使得学校体育发展战略可能发生偏离，这对评价新课程改革的成效、预测新课改趋势都构成了极大的挑战。

因此，为了减轻钟摆现象带来的震动效应，我们必须加强体育课程的理论建设。首先，需要准确地了解体育课程的发展趋势和固有规律。体育课程改革中频繁出现的钟摆问题，很大程度上是由于其理论基础不足导致的。所以，以理论建构为导向，可以正确地评价与预测我国高校体育课程的演化规律与未来发展的趋势。其次，在体育课程改革中，要避免"非此即彼"的认识误区、"过度纠偏"方法论可能带来的改革阵痛。

3. 拓展课程理论的局限，丰富理论创新的整体有效

虽然我国在体育课程的理论上已经采取了众多改革策略，但仍有一些明显的不足之处，有待进一步的完善和提高。

首先，必须推动我国体育课程改革的理论创新，建立具有中国特色的体育教学体制，并促进我国体育课程从"依赖"到"自觉"的转变。其次，体育课程的整体改革得到了进一步的强化，但因为课程理论的某些限制，可能会出现如"各说各话""各管各段"以及"分而治之"等不一致的教学模式。因此，为了推动中国体育课程向本土化方向发展，强大的地域性理论支撑变得尤为关键。为了进一步拓展体育课程的理论边界，就需从深度与广度上进行反思，仅依靠西方的经验进行总结，而忽视乡村学校体育资源的短缺和城乡学校发展的不平衡等核心问题，会使理论上的突破变得极为困难。

第五节　体育教师

一、体育教师工作概述

（一）体育教师的作用

体育教师在培养德智体美劳全面发展的人才的过程中起着不可替代的作用。

（二）体育教师的基本职责

1. 努力提高政治业务水平

学习马列主义、毛泽东思想、邓小平理论、国家教育方针、体育方针，树立“忠诚党的教育事业”“安心终身做体育工作”的思想，热爱自己的工作，帮助学生提高运动技能水平和身心健康。①

2. 教书育人，全面关心学生身心健康

体育教师在教授学生运动技能的同时要关注学生的全面发展。要根据教育大纲，开展体育教学活动，保证早操、课间操、课外活动、学校体育竞赛活动的开展；要在体育教学过程中培养学生吃苦耐劳、不怕困难、勇往直前的精神品质；要提高学生的健康意识，对学生进行健康知识的教学等。

3. 上好体育课，提高教学质量

是否能够把体育课上好是衡量体育教师教学水平的重要指标，教师应不断学习，提高自己的知识储备，更好地对学生进行教学；在学生的学习过程中，给予学生足够的自由，培养学生的创造力；根据不同的学生采用不同的教学方法，因材施教，不放弃每一名学生。

4. 培养体育意识，激发运动兴趣

在体育教学过程中要培养学生对体育的兴趣，培养学生养成终身体育的意识。

二、体育教师职业的性质与特点

（一）脑力劳动与体力劳动相结合

体育教师在课堂上需对学生进行动作示范、动作讲解、动作指导、保护与帮助等，这看起来是体力劳动实际上却包含大量的脑力消耗。同时，在课前教师对每节课的教学内容、教学目标、教学步骤、教学组织等进行思考，根据不同年级的不同学生进行个性化教学，这些都需要教师进行思考，可以说体育教学活动是智力和体力相结合的表现。②

① 孙国庆. 谈体育教师的职责［J］. 文教资料，2005（35）：88.

② 潘绍伟，于可红. 学校体育学［M］. 北京：高等教育出版时，2015：319–320.

（二）工作对象多，活动空间广

体育教师需要接触大量的学生，教授的班级多，还需组织课间操、课余活动、全校性体育活动等。其他授课老师大部分时间在教室授课，而体育老师除了在室内授课，大量的体育课、体育训练、体育竞赛在室外进行，活动空间广。这就加大了体育教师的工作难度。

（三）工作任务繁重复杂

学校教育是要培养德、智、体、美、劳全面发展的学生，体育教师不仅要教体育，帮助学生增强体质，还需培养学生其他方面的能力。这就使体育教师不仅要完成自己的教学目标，还需尽可能地完成学校教育的其他目标，这就需要体育教师有较强的责任心、较强的业务能力。

（四）体育教师工作的社会性

体育教师不但要完成学校的教学任务，还需要走出学校，面向社会。学校会利用课余时间和节假日时间开展校内外体育比赛。同时体育教师被聘请担任校外的裁判、教练、辅导、评比、体育讲学等社会工作也越来越多。

三、体育教师的职业素养

（一）体育教师职业素养概念

职业素养是从业者在知识、修养、能力等各方面具有的水平。①

（二）体育教师职业素养要求

1. 体育教师的思想品德素养

体育教师应忠于党的教育事业，热爱本职工作，有责任感，爱护学生，尊重他们的个性，挖掘他们的天赋，努力提高学生的专业技能，在学生学习过程中培养他们的思想道德素养；在工作过程中不断提高自己的思想。

---

① 李光辉，唐艳平. 论体育教师的职业素养［J］. 职业时空，2007（22）：28.

2. 体育教师的专业素养

1）运动能力

体育教师需正确、全面地掌握各种运动项目以及身体练习的方法，并有自己的运动专长，以此来满足体育教学的需要。

2）教学能力

教学能力是体育教学过程中最基本的能力，包括编写体育教学计划的能力、体育教学实施的能力（进行动作示范、讲解动作要领、纠正错误动作、口令队形调动、场地器材布置、安全管理）、教学反思能力等。

3）活动组织能力

体育教师不仅要上好体育课，还需要有能力组织好早操、课间操、校运动、校代表队等。

4）科研能力

体育教师需要通过敏锐的观察力去发现在教学过程中出现的各种问题，并对这些问题进行研究分析，形成新的理论，并将新理论用于自己的教学中，提高教学能力；或者是通过论文的形式将理论展现出来供大家学习。

3. 体育教师的知识素养

1）基础知识

社会的发展对体育老师也提出了新的要求，体育老师不仅要教授学生动作技能，提高学生的身体素质，还需要教会学生为人处世的道理，使学生更好地适应社会，这就需要教师具备丰富的科学文化知识和文化底蕴。

2）专业知识

体育教师应掌握体育教育理论，包括运动训练学、运动生理学、运动解剖学、体育心理学、学校体育学等。教师需要通过所具备的丰富的专业知识去完成和组织体育教学、课后训练、体育竞赛、体育管理等。

四、体育教师的专业发展

（一）体育教师专业发展的内涵

专业一词与职业紧密相关，从社会学角度来看，专业的内涵是指一群人从事一种专门技术的职业，为社会提供不可替代的服务，这种专门性服务的提供需要特殊的智力去完成，具有较强的技术性。教师专业发展是教师通过接受专业训练和主动的学习自我提升专业知识、技能、能力、道德、素养，从非专业人员到专业人员的过程。在这个过程中教师逐渐被社会认可，地位也不断得到提高。[①]

（二）体育教师专业发展途径[②]

1. 聚焦核心素养，转变教育教学观念

体育教师教学不只是向学生传递知识和技能，其根本目的是育人。体育教师要明白体育学科对培养学生核心素养的重要性及对学生身心健康发展、培养责任意识的重要性。体育教师要明白核心素养对体育课程每个环节的革新，随时准备做创造性的改变。

2. 学会自我反思，实现自我发展

体育教师可以对教学前、教学中、教学后的三个阶段进行反思。如教学前对本节课的教学目标及怎样实现教学目标进行反思；教学中对学生的行为、学生的需要、学生出现问题的原因、存在原因的修改方式进行反思；教学后对学生产生的反应、课上出现的问题进行反思。[③]

3. 坚持终身学习，提升信息获取能力

作为体育教师，需要保持终身学习的能力，不断提高自己的知识储备，并学会利用网络，将网络上的新信息展现给学生，通过图片、视频、文件的方式进行学习。

4. 拓宽发展路径

像体育教育研究人员进行学习；利用线上培训、集体备课、观摩优秀教师讲课来提升教学能力；利用线上网课进行学习，实现线上线下的结合。

第六节　中国学校课余体育

一、学校课余体育的概念

课余体育锻炼是指以在校学生为主，在校内或校外进行的以身体活动、健身

① 舒宗礼，王华倬．教育生命视阈下的体育教师专业发展的现实状态及未来愿景［J］．北京体育大学学报，2018，41（12）：92.

② 肖爽，邱烈峰．核心素养背景下中学体育教师专业发展研究［J］．教学与管理，2020（27）：62.

③ 陈雁飞．体育教师如何进行教学反思［J］．北京体育大学学报，2005（9）：12-47.

活动、各种竞赛以及大型学校综合体育活动为主要锻炼手段，通过有组织、有纪律的班级、团队为基本单元，以满足身体、心理、社会适应能力发展的体育活动。[①]

二、学校课余体育的地位

（一）课余体育是学校课外体育的重要组成部分

社会的发展对人们提出了更高的要求[②]，学校的课外体育受到人们的重视，学生的课余生活也变得丰富。而课外体育能增进学生身心健康、提高社会适应性、习得运动技能、提高竞争意识和团队意识、养成终身体育的习惯。课余体育作为学校课外体育的重要组成部分，成为学校体育教育不可缺少的一部分。

（二）课余体育是实施素质教育的内容和手段

素质教育与应试教育相对，素质教育是反对轻视德育和体育的教育，它主张促进受教育者能力的发展，使受教育者在德、智、体各个方面都能得到发展。[③]体育在素质教育中占有重要地位，是素质教育的重要内容。因此学校体育也是素质教育的重要内容和手段，课余体育作为学校体育的重要组成部分，也成为素质教育的重要内容和手段。

（三）课余体育是开展青少年儿童健身活动的基本组织形式

课余体育内容的组成丰富多样，组织形式灵活多变，因此青少年儿童参与课余体育十分便利。

（四）课余体育是发展和培养运动后备人才的重要渠道

学校的课余体育是发现与培养优秀运动人才的重要途径，课余体育训练是课余体育的特殊形式，通过课余体育训练能够发掘出有运动天赋的学生，为体育人才的培养提供重要渠道。

---

① 张为民. 课余体育锻炼的特征与要素［J］. 教育理论与实践，2016，36（33）：63.

② 周登嵩. 学校体育学［M］. 北京：人民体育出版社，2018：265-267.

③ 柯登地. 素质教育概念的逻辑学解析［J］. 全球教育展望，2010，39（5）：17.

三、学校课余体育的功能

（一）课余体育对个人的功能

1. 健身

（1）课余体育能促进青少年学生身体的正常生长发育，提高健康水平。

青少年学生正处于生长发育的关键时期，每周2～3节的体育课不能满足他们生长发育的需要，课余体育锻炼能有效地增加学生的运动时长，合理地安排课余体育能有效促进学生身体的发育，提高学生身体健康水平。如运动可以促进血液循环，增加骨组织营养物质的供给，加快身高增长；可以提高体内物质代谢水平，促进营养物质的消化吸收；可以改善骨密度，防止骨质疏松。[①]

（2）课余体育能有效促进青少年学生身体机能的发展，提高身体活动能力。

科学合理的课余体育活动能促进学生身体机能的发展，提高身体活动能力。如改善循环系统，使心壁增厚，心机收缩力增强，心脏容量扩大，心肌供血改善，心肌利用氧的能力提高；改善呼吸系统，使呼吸肌活力增强，肺通气功能增强；改善消化系统，促进消化液分泌，促进营养物质的消化吸收。

（3）课余体育能有效提高青少年学生对外界环境的适应能力和对疾病的抵抗力。

外界环境包括自然环境和社会环境，自然环境指地理环境、季节变化和气候变化。社会环境指社会方面各种因素对人的有机体的刺激。运动可以提高人体免疫系统的功能，增强抵抗疾病的能力。同时运动多在户外进行，奔跑、跳跃、翻滚等活动提供了日常生活中人们较少出现的动作，这些有助于提高学生对外界环境的适应能力。

2. 健美

（1）增进青少年学生的身体健康美。

健康美是建立在身体健康的基础上所表现出来的良好肤色、明亮的眼睛、良好的精气神。

（2）塑造青少年学生的体形美和轮廓线条美。

一般指生长协调、四肢匀称。女性身材苗条，轮廓线条清晰；男性身材魁梧，呈现倒三角形。

---

① 周登嵩. 学校体育学［M］. 北京：人民体育出版社，2018：270-273.

（3）养成青少年学生身体姿态美。

身体姿态指在坐、走、跑等基本活动中表现出的姿态，通过运动可以提高核心的稳定，保持正确的坐姿；提高下半身的力量和身体的平衡，改善站姿和步姿。

（4）培养青少年学生身体动作美。

动作美是指身体各部分在空间活动变化中呈现出的外部形态美，是在完成动作时表现出的协调性、高效性、灵敏性等。

3. 健心

（1）调节青少年学生的情绪，使他们心情愉快。

课余体育为学生提供了各种形式的游戏、训练、竞赛，使他们能够在紧张的学习生活中找到释放压力的出口，暂时忘记压力和焦虑，调节紧张不安的情绪，还能促进内啡肽的分泌，提高幸福感。

（2）发展青少年学生生动活泼的个性。

课余体育活动为学生提供了一个广阔的平台，使学生的个性与才华有展现的机会，并为学生提供了社会平台，结交新朋友，扩大社交圈，增进人际关系，提高社会交往能力，使学生更加开朗，塑造生动活泼的个性。

（3）培养青少年学生的开拓精神和精神创造才能。

在体育课堂上由于要满足大部分学生的需要，因此要按照统一的标准进行授课，使得学生的能力无法完全得到展现。学生在进行课余体育时能不断创新练习方式，提高练习效率的同时还提高了创造力。课余体育为学生展现运动能力提供了有利的条件。同时学生能在体育运动中不断地克服困难、超越自我、战胜对手，感受获得胜利的喜悦。

（二）课余体育对集体的功能

1. 赋予角色地位，规范集体行为

在课外，课余体育多是以小团体的形式存在，学生在团体中会充当不同的角色，如队长、队员、前锋、中锋、后卫、二传手、守门员、教练等。每个人都需在团队中扮演好自己的角色，服从团队的指挥，完成团队的目标。这种形式的团队活动能增加学生的团队意识和集体责任感。

2. 增强凝聚力，培养团队精神

在课余体育中，学生需要靠团队的协同合作战胜对手，获得比赛胜利，这需要每个人的拼搏。为了团队之间能更好地配合，团队成员需不断地进行沟通交流，这有利于增进彼此间的了解和信任。在团队成员相互配合、完成共同目标时，团队凝聚力和团队精神得到增强。

3. 形成校风校貌，促进校园文化建设

校园文化主要包括物质文化、制度文化、精神文化。校风校貌是校园文化的综合体现，是教育要素的重要体现。体育场馆、器材的设计与布局是校园物质文化的重要组成部分；课余体育有关制度的建立和实施属于校园制度文化建设范畴；体育运动强调的合作、公平、竞争、拼搏、法制等观念是校园精神文化的核心。

（三）课余体育对社会的功能

1. 优化社会文化，促进精神文明建设

体育通过其独特的魅力使社会生活更加积极健康向上，对优化社会文化、促进精神文化建设有重要作用。如通过校外体育活动能促进学校和社会的联系，使学校和社会的资源、信息得以聚集，同时能扩大学校影响力，促进全民健身风气的形成。

2. 振奋民族精神，进行爱国主义教育

体育运动具有竞技性、教育性、文化性、社会性、国际性等特点，现如今国家之间的较量不只体现在经济、政治、文化上，还体现在体育的较量上。课余体育中的高水平竞技运动是竞技体育的重要组成部分。国际上的体育竞争已经超越了体育本身的价值，运动员在国际赛场上的每一次胜利都会激发国人的民族自豪感和国家荣誉感。

3. 活跃体育市场，促进社会经济发展

人们在满足了物质生活的需求后也要满足在精神方面的需求，随着人们健康意识的提高，各种体育活动也在广泛开展，其中课余体育就有效地促进了体育消费市场的发展。学生作为课余体育的重要消费人群推动了运动服、运动鞋、运动器材市场的发展，同时学生参加的校外体育竞赛活跃了体育市场，促进了社会经济的发展。

四、学校课余体育的形式

（一）校内体育活动

1. 早操

早操时间为15～20分钟，内容一般以广播操、慢跑等简单的身体练习为主。通过早操可以提升学生的精神状态，以饱满的热情开始一天的学习。可以培养学生的自律能力，培养体育锻炼的意识。

2. 课间操

课间操是在上午第二节课后进行，时间为20分钟左右。内容包括广播操、慢跑、素质操等。课间操能够缓解学习带来的疲劳，提高学习效率。通过身体的拉伸、舒展能预防不良体态。

3. 大课间体育活动

大课间体育活动是在课间操的基础上发展起来的，大课间体育活动能增加学生的运动时间，缓解学习压力，保障学生有一小时的体育活动。

4. 体育周、体育节

体育周、体育节能提高学校体育氛围，提高学生对体育的兴趣。在活动上通过交流体育知识能增强对体育的理解。

5. 体育竞赛活动

体育竞赛活动的形式多种多样，包括校运会、各个项目的体育比赛，如篮球、足球，排球比赛、体育知识竞赛等。参加的人员多，包括学生、教职工、学校领导、学生家长等。通过体育竞赛活动能拉近学生与学生、学生与老师之间的距离；能增强学生的团队意识；能增强学生的意志品质；能满足学生对学习体育知识的渴望。

（二）校外体育活动

1. 本校组织的校外体育活动

一般指学生参加的本校组织的校外体育活动，能使学生获得参与感与归属感。如野外生活、野外劳动、野外游戏、野外运动等本校组织的野外活动，以及本校组织的其他校外体育活动与体育相关的多种教育活动。

2. 校外有关部门组织的体育活动

一般指校内学生参加的由校外有关部门组织的校外体育活动。一般由学校组成的代表队参加，如上级部门组织的体育竞赛；参加校外体育、工会、团组织等部门组织的体育竞赛、体育表演、体育宣传等。

3. 家庭体育活动

家庭体育活动能提升家庭凝聚力、培养孩子的运动习惯、增强社交能力，促进他们的全面成长。家庭体育活动形式有很多，包括跑步、跳绳、健身操、游泳、骑自行车、爬山、羽毛球、乒乓球等。

4. 个人体育活动

个人体育活动是学生在课余时间自发进行的运动，通过个人体育活动可以发掘自己的运动潜力，提高体能与健康水平，调节心理与情绪。个人体育活动包括跑步、游泳、跳绳、打拳、滑冰、健身等。

五、学校课余体育锻炼、训练与竞赛

（一）课余体育锻炼

课余体育锻炼是指以在校学生为主，在校内或校外进行的以身体活动、健身活动、各种竞赛以及大型学校综合体育活动为主要锻炼手段，以有组织、有纪律的班级、团队为基本单位，以满足身体、心理、社会适应能力发展的体育活动。[①]课余体育锻炼具有以下特点。

1. 多样性

学生可以根据兴趣爱好选择自己喜欢的运动项目和运动形式进行学习。这能使他们在自己擅长的项目中展现天赋，发挥潜能，提高自信心，提高综合素质。

2. 灵活性

学生课余根据自己的安排，自主选择时间和场地。课余体育比课堂上的体育更灵动活泼、丰富多彩，更符合不同年龄阶段儿童的需要。

3. 自主性

课余体育锻炼是学生自发进行的，没有强制性的要求，学生可以根据自己的需要选择学与不学。这能使学生能更加积极主动地投身于体育活动中，增强他们的自我管理能力。

4. 综合性

课余体育锻炼可以提高学生的综合能力，学生在运动过程中运用多学科的知识、多方面的智力去解决在课余体育活动中所面临的问题，对青少年学生提出了更高的要求。

（二）课余体育训练

课余体育训练是在学校体育教育和课外体育活动的基础上，为推动学校群众

① 张为民. 课余体育锻炼的特征与要素［J］. 教育理论与实践，2016，36（33）：63.

体育的发展，提高学生的运动技术水平，培养后备体育人才，组织有一定体育特长的学生以代表队的形式，在课余时间里进行专门的训练和比赛。①课余体育训练具有以下特点。②

1. 课余体育训练时间的业余性

课余体育训练是学生在业余时间自觉参加的训练，是在不影响学生正常学习时间的基础上进行的。可以帮助学生增加运动时间，提高身心健康水平，促进体力、智力、运动能力的发展。

2. 课余体育训练过程的间歇性

随着学生年龄的变化，身体发育水平会出现变化，在不同的年龄阶段，训练的强度与间歇时间也会出现变化；随着学生年级的变化，参加课余体育训练的学生也会出现变动，使得课余体育训练的过程发生变化，同时教练的更换，也会使得课余体育训练的连续性受到干扰；学生是在完成学业的基础上进行的课余体育训练，当学业和训练冲突或面临学业压力时，势必会干扰课余体育训练。

3. 课余体育训练内容系统性不强

在儿童时期，运动员的运动才能没有完全展现与确定下来，过早地对学生进行专项化训练不利于其发展。在训练的过程中，专项化的训练并不突出，训练的内容呈现出多样化的趋势，这可以为学生打下良好的运动基础，为未来的专项化训练做准备。

4. 课余体育训练不追求极限负荷

在对运动员进行训练时，为了激发他们的潜能，必须对他们进行极限负荷的训练，但当负荷超过了运动员能承受的最大负荷时，他们的机体会发生劣变，出现伤病而过早地结束运动生涯。极限负荷不是课余体育所追求的，训练负荷的选择要遵循学生的生长规律和未来的运动前途。

（三）课余体育竞赛

课余体育竞赛指充分利用课余时间，以争取优胜为直接目的，以运动项目、游戏活动、身体练习为内容，根据正规的、简化的或自定的规则所进行的个人或集体的体力、技艺、智力和心理品质的相互较量。③课余体育竞赛具有以下特点。④

① 杨铁黎，陈钧. 我国学校课余体育训练经验及改革对策［J］. 体育学刊，2002（4）：104.

② 于贵身. 浅谈学校课余体育训练［J］. 内蒙古师范大学学报（教育科学版），2012，25（6）：154-155.

③ 范海荣，任继祖. 学校体育学［M］. 上海：复旦大学出版社，2018：279.

④ 周登嵩. 学校体育学［M］. 北京：人民体育出版社，2018：324-326.

1. 竞争性

体育竞赛和竞技体育一样都具有竞争性，参赛者力求在比赛中取得好成绩，竞争性是学生体育竞赛的内核。竞争不只体现在运动员之间体能、技能、战术、心理、智能方面的竞争，还体现在教练与教练之间的竞争上。

2. 娱乐性

课余体育竞赛和正规的体育竞赛相比更加轻松，在比赛中选手坚持到底的精神满足了学生的自我追求，观众也会被他们的技能所感染。比赛参与者与观众能在此过程中体验到比赛的乐趣，这种娱乐性能让学生在紧张的学习生活之余得到放松。

3. 合作性

学生体育竞赛需要集体的参与，在比赛中学生既要发挥出自己的运动能力，也需要集体的支持，在与对手的比赛中，集体的合作、帮助、支持都体现了体育竞赛的合作性。

4. 教育性

课余体育竞赛是教育的一个重要环节，学校的课余体育具有鲜明的教育性。学校的课余体育竞赛在取得胜利、获得好成绩、选拔培养竞技人才的同时也在推动学校各项体育事业的开展，培养学生团结、合作、拼搏、坚持等优秀品质。

5. 层次性

课余体育竞赛既有高水平的比赛也有基础性的比赛，高水平的比赛受众相对较少，但吸引的观赏人数多。基础性的比赛参与的人数多，学生的参与感更强。

6. 多样性

课余体育竞赛内容繁多，有校级比赛、年级之间的比赛、院级之间的比赛、班级之间的比赛等，包括校运动会、篮球、足球、排球、跳绳、拔河比赛。其多样性是群众性的选择，也是层次性的体现。

7. 公开性

课余体育竞赛是在公开场合进行的，有公开的、统一的标准与规则。参赛者在裁判的监督下进行比赛，观众也能对比赛进行评判，监督比赛的公正。这使得赛事能够更加科学规范、更加公平公正。

第七节　学校体育管理

一、学校体育管理概述

（一）学校体育管理的概念

学校体育管理是学校体育管理者根据国家在教育、体育和学校体育方面的法律法规、部门规章等规范性文件，运用现代管理学的理论和方法，充分利用校内外的各类资源和条件，有效实现学校体育工作目标的组织活动。[①]

（二）学校体育管理的目标

学校体育管理的目标是充分发挥管理部门的职能，整合利用校内外资源，保证全面贯彻和执行国家对学校体育工作的相关法律法规和政策，确保学校体育工作正常开展，有效实现学校体育工作的目标。[②]

（三）学校体育管理的内容[③]

1. 体育课程管理

我国实行的是国家、地方、学校三级课程管理体制。对体育课程的三级管理而言，国家对课程的管理主要体现在：制定了《体育（与健康）课程标准》，但其为了适应我国地域、地区之间的差异，对教学内容没有做出明确、具体的规定，只对课程内容提出了总体要求，为各地、各校选择教学内容留下了较大空间。

各省、自治区、直辖市教育行政部门按照《体育（与健康）课程标准》与当地的实际情况，制订当地的体育课程实施计划，报教育部备案后执行。学校在体育课程的管理中，具体表现为：根据各省、自治区、直辖市实施的国家课程计划，各学校将当地体育课程资源、本地区的体育特点以及学生们的体育兴趣，精心编写一份适合当地的体育教学计划，并组织实施。

① 刘新民，王晓艳. 学校体育学［M］. 北京：人民体育出版社，2022：140.

② 同①。

③ 周登嵩. 学校体育学［M］. 北京：人民体育出版社，2018：369–374.

2. 体育教学管理

体育教学是完成学校体育任务的基本途径之一，体育教学管理是学校体育管理的中心环节，体育教学管理包括以下几点。

（1）科学制定体育教学计划，保证体育课程教学时数，做好整体安排。

（2）科学制定体育教学大纲，明确目标任务，组织体育教师做好体育教学设计及备课。

（3）制定体育课教学常规，健全教学工作规范及要求，保证教学秩序。

（4）保障体育与健康课程教学条件，配备好体育教学活动场地设施，优化体育教学手段。

（5）制定体育教学质量评价指标体系，开展体育教学评估与总结，加强体育教学考核评价，提高体育教学质量。

3. 课余体育管理

根据学生年龄、学校设施、课余时长等的不同，管理方式也不同。

（1）大学课余体育管理方式。大学生体育意识较强，学校运动设施较为齐全，体育课程安排灵活，课余时间长。大学生的课余体育管理应以学生自觉为主，教师可以帮助学生制定课余体育计划，对学生的课余体育进行指导。

（2）中学课余体育管理方式。中学生处在生长发育阶段，自控能力相对较弱，但他们又渴望独立、有强烈的竞争意识和强烈的集体荣誉感。学生课余时间较少。中学课余体育应该采取一种半自主性的调节方式，再强调自主性的同时，也要突出竞争性和娱乐性，以此来提高学生的参与感和积极性。

（3）小学课余体育管理方式。小学生生长发育较快，缺少自主性，自我管理能力较弱，多为无目的、被动的参与。老师在管理中起主要作用。

二、学校体育管理政策法规

想要做好学校体育的微观管理，就必须构建一套完整的学校体育管理制度体制，主要涵盖以下内容。

（1）关于学校体育的综合管理体系，通常涵盖了：学校体育工作实施管理策略、学校体育文化的建设与管理办法等。

（2）体育活动课程教学管理的制度体系，涵盖了：学校体育课程的教学标准、关于学校学生的体育课程管理技巧等。

（3）课外体育活动的管理制度体系，涵盖了：学生参与课外活动的管理规定以及学生的体育活动社团和体育俱乐部的管理条例，以及教师参与课外活动的管理法规和课外体育活动检查评比办法等。

（4）课余训练竞赛管理制度体系，主要涵盖了：学生的训练管理方法和学生竞赛管理办法、课余竞赛奖励办法、教练员聘任管理规定、教练员职责规定、教练员训练规范、课余训练竞赛补助管理规定等。

（5）体育教师管理制度体系，涵盖了：体育教师岗位职责、体育教师聘任管理规定、体育教师科研管理办法、体育教师培训管理办法、体育教师考勤管理办法、体育教师岗位津贴管理办法、体育教师职称评定管理办法等。

（6）体育设施设备管理制度体系，主要涵盖了：体育场馆管理规定、体育场馆工作人员管理办法、体育器材管理办法、体育场馆使用管理办法、体育场馆维护管理制度以及体育场馆岗位职责规定等。①

三、学校体育管理的内容与方法

（一）学校体育的管理机构

1. 宏观管理机构

它包括两大体系，一是教育部，二是国家体委。与此同时，学校体育工作也得到了相关部委主管教育工作部门、工会、共青团、妇联等相关社会组织的指导和帮助。

2. 微观管理机构

学校体育的微观管理主要是指对一所学校范围内的体育工作的管理，《学校体育工作条例》第二十四条明确指出："学校应当由一名副校（院）长负责体育工作。"第二十五条指出："普通高等学校、中等专业学校以及规模较大的普通中学应设立相应的体育管理部门，并在其内部设置专职干部和管理人员。"并对辅导员、班主任、学校卫生、总务部门、共青团和少先队等各方面在学校体育中的职责进行阐释。因此，我们要构建以校（院）长为主要领导的多层次的组织结构与管理体制，培养德、智、体全面发展的"四有"新人。②

① 阮春俊. 越南学校体育管理体制研究［D］. 北京：北京体育大学，2018：60.

② 周登嵩. 学校体育学［M］. 北京：人民体育出版社，2018：362-364.

（二）学校体育管理的内容

从类别上看，学校体育管理的内容分为两大类别，分别是宏观和微观。从宏观角度看，学校体育管理是指学校对体育工作的外在管理；从微观角度看，学校体育管理是指学校内部的体育管理。

学校体育微观管理内容是多方面的，一个是经营管理，一个是行政管理。具体来说，学校体育的经营管理，主要有体育课程管理、体育教学管理、课余体育训练和竞赛、早操与课间操、闲暇体育（课外班级体育锻炼）管理；学校体育的行政管理主要指体育组织与教师管理、场地设施管理、体育资金管理、体育研究和体育信息管理等。

（三）学校体育管理的方法[①]

学校体育管理方式是指为了实现学校体育工作的目的而采取的一种管理方式。其主要形式有以下几种。

1. 政策法规管理法

学校体育管理中的政策法规管理法就是运用国家有关学校体育的各项法规、条例、决议、规章制度对学校体育实施管理的一种手段。

目前，我国在学校体育方面执行的法律法规主要有《中华人民共和国体育法》《学校体育工作条例》《国家学生体质健康标准》《全民健身计划纲要》等。教育部颁发的中小学《体育（与健康）课程标准》《高等学校体育教学指导纲要》等规范性文件，国家体育总局颁发的《运动员技术等级制度》《裁判员技术等级制度》《体育运动竞赛制度》等规范性文件，在学校体育领域也具有法律约束力。

2. 行政管理法

学校体育管理中的行政管理法就是运用政府职能与工具，对各级学校体育活动进行管理的一种方法。行政法以其权威性、指导性和针对性的特征，在组织、指挥、控制和调控中具有不可替代的功能，是一种普遍的管理手段。

3. 目标管理法

学校体育管理中的目标管理法，就是按照有关学校体育工作的规划和方案，科学地制定一段时间的工作目标，并通过执行与考核的方式加以落实。在体育教学、课余体育训练、课余体育锻炼等方面，想要促进学校体育的全方位发展，可以经常使用目标管理法。如要落实好《体育（与健康）课程标准》，促进课余体育

① 周登嵩. 学校体育学［M］. 北京：人民体育出版社，2018：367-368.

训练目标的达成，了解学生的体质健康情况并对其要实现的指标进行深入分析。

4. 评估与奖惩法

学校体育管理中的检查评估和奖惩制度，就是对完成学校体育工作目标进行持续性的检测与控制，并对其完成情况实行奖惩制度。它重视对团体和个人运动成绩的肯定与赞扬，以此来促进学校体育工作。同时对学校体育工作成绩落后的集体或个人给予批评、教育、处分等。

第八节　体教融合

一、体教融合的溯源与发展

中国的体育政策经历了从体教分离到体教结合到体教融合的发展过程，这是根据我国国情和发展的现实需要决定的。

在解放初期，新中国面临着西方的孤立，为了摆脱孤立的状态，新中国迫切需要利用体育作为外交手段。为了迅速提升新中国在竞技领域的表现，中国急需一种有效的运动战略，而这一战略在那时已为苏联及东欧的社会主义国家所采用。

1952 年 8 月，刚从赫尔基奥运会返回的中国体育代表团团长、全国体总副主席兼秘书长荣高棠向政务院（后更名为“国务院”）汇报了我国参与奥运会的情况，并提出了一系列加强体育工作的建议。[①]1952 年 9 月 6 日，时任全国体总主席、教育部部长马叙伦也向政务院提交了一篇类似的报告，这两篇报告（以下简称为“荣马两报告”）都提出了“应该像苏联那样发展体育”的建议。“荣马两报告”对至今仍在继续的“体教分离”体育模式的发展起到了很大的推动作用。随着中国不断深化的改革和社会主义市场经济的发展，“体教分离”的模式也随之发生了一些变化。20 世纪 90 年代初期，我国提出了“体教结合”的思想，即要选拔优秀运动员，依靠教育体制来提升运动员的文化素质，并由教育部选派代表队参加大运会，同时也要培养体育后备人才试点学校、高校的高水平运动队等。[②]

2020 年 8 月 31 日，国家体育总局　教育部联合印发《关于深化体教融合　促

① 谭华，王玉立. 共和国体育史上的 1952 年［J］. 体育文化导刊，2002（3）：20-22.

② 毛振明，查萍，洪浩，等. 从“体教分离”到“体教融合”再到“体回归教”的中国逻辑［J］. 体育学研究，2021，35（4）：2.

进青少年健康发展的意见》[①]（以下简称《意见》），提出要进一步加强中国特色体教融合，为培养“德智体美劳”的社会主义建设者和接班人而努力。

二、体教融合的价值与动因

（一）体教融合的价值[②]

1. 促进学生身心健康发展

体教融合是指体育和教育两大体系协同发展，鼓励在理念、资源和制度上开展深度的协作，把优质的体育资源整合到教育系统中去，提高体育课程、课外活动、运动训练和体育比赛的质量和数量，使广大青少年学生能够更好地发展。

2. 致力于培育未来竞技体育精英

体教融合的理念是将竞技体育的后备人才培养整合到学校体育课程中，基于学校的教育体系，对那些具有体育天赋的学生进行有针对性的培训，通过体育和教育两个系统的紧密结合，旨在培育出具有较高综合素养的运动员。

3. 建设一体化赛事体系

体育与教育的融合强调了合作发展的重要性，并注重赛事系统的一体化。建议把“全国青运会”和“大学生运动会”结合起来，同时鼓励体育和教育的整合，联合举办各种体育活动。这种从细部到整体，从单维到多维的体教融合，为构建一套科学、完备的综合赛事系统提供了新的思路和机会，为国家竞技运动的不断发展、体育强国的建设奠定了良好的基础。

（一）体教融合的动因[③]

1. 机构改革和体教拓展与融合的实际需求和未来发展方向

（1）考虑到行政管理和发展的需求，各个地区都根据自身实际情况，因地制宜地进行了机构改革的探索和实施。

（2）从其特性和服务受众来看，体育是教育的核心部分，它们的服务受众是一致的，它们的核心理念都是为了推动人的全方位成长，它们之间更有可能进行

① 体育总局　教育部　关于印发深化体教融合　促进青少年健康发展意见的通知[A/OL].（2020-08-31）[2023-10-19]. http//www.gov.cn/zhengce/zheng ceku/2020-09/21/content_5545112.htm.

② 王德政，李斌. 深化体教融合发展的现实审视及应对策略［J］. 体育文化导刊，2023（2）：96-97.

③ 李燕，骆秉全. 新时代体教融合的动力、困境和实施路径研究［J］. 体育科学，2022，42（2）：32-33.

扩展、交融和整合，从而实现“1+1＞2”的完美结合。

（3）观察教育领域综合改革与发展的新模式，可以看到地方政府正在进行教育改革的创新，进一步推动“名校+”的集团化办学模式，以实现教育的革新、制度的创新、深度发展、教育质量的提高和优质资源的共享。在拥有丰富优势资源的教育集团里，体育和教育是相互补充、共享资源的，通过体育的特色来刷新教育方式、提高教育品质，从而推动教育品牌的建立和教育产业的质量提升。

2. 政策牵引，观念转变和技术赋能等催生了体教融合新发展

国家高度重视体育和教育事业发展，先后发布了《国家学生体质健康标准》《中共中央国务院关于加强青少年体育增强青少年体质的意见》，并在全国范围内发布，增加体育课时，“阳光体育运动”“冰雪进校园”等项目，尤其是《意见》出台，进一步促进了体教融合。2020年新冠疫情让健康问题备受关注，湖北、吉林、浙江、北京、上海等20多个省市教育系统与体育系统共同推动健康教育与体育锻炼。天津市教育两委开发了“中小学居家锻炼指南”，广东省教育厅下发的《关于做好疫情防控期间中小学生居家体育锻炼指导工作的通知》均把学生健康放在第一位，鼓励学生在老师和家长的指导下搞好体育锻炼。新冠疫情加速了家校合作的教育教学模式，也促进了体教双线融合，体教并重，线上线下齐头并进的发展。

3. 创新育人实践、推动构建高质量育人体系的基本要求

体教融合既是破解青少体质健康问题的重要途径，也是学生健全人格的必然途径，育人需求呼吁着体教融合在实践中探索创新性的教育生态、育人方式支持系统。地域特色体育课在各地区课堂中不断涌现，并逐步形成了“国家统一标准”和“具有区域特色的项目”相融合的发展模式，推动着体育教育更符合青少年的兴趣所在和成长需求，促使学生在运动中奔跑，促进了学生身体素质的发展，完善了他们的个性，锤炼了他们的意志，“以体育人”的效果显著。深化体教改革，更新发展观念，突出“体”“教”同心同德，把体育贯穿人才培养的全过程，这是培育经济新动能、新增长点和实现高质量发展的必然要求。

三、体教融合的实施与调整

（一）体教融合的实施

1. 创建体教融合共享平台和再生体系，扩大发展领域

体教融合想要得到可持续发展就必须发挥政府、学校、社会和市场不同利益主体在其中所扮演的角色。[①]

（1）为了增强创新和再生的能力，我们采用了多元共治的方法，旨在培养具有竞争力的人才，同时也注重体教融合的持续发展。构建一个体育和教育资源的集中平台，并创建一个受到全社会广泛关注的“开放式共建共享”的体教合作教育平台、资源共享平台、国际交流平台、服务保障平台和发展研究中心等。

（2）构建了一个学校、社会和市场共同发展的体系，同时提出了“体教融合”的示范项目及示范基地，以满足各年龄段学生的多样化需要。

（3）深化学校、社会和市场之间的合作关系，构建学科之间、产学社之间跨界整合桥梁，实现师资、课程、场地和赛事等资源的互通。同时，在政府、社会、企业和学校之间构建了全方位、多领域和深层次的协作机制，以推动体教融合行业和机构的发展，加速青少年人才的培养进程，并完善体教融合的跨界集成体系。

（4）引入市场的竞争机制，激发市场的活跃性，并通过各方共同努力，构建一个包括需要挖掘、资源整合、执行支持、效果反馈、创新改进和需求满足在内的持续上升的完整再生体系。

（5）为了吸引更多的社会投资，我们需要建立一个高质量体教融合市场实体，并努力形成一个由政府领导、多个部门合作、全社会参与和市场驱动的体教融合新模式，同时不断扩大体教融合的发展范围。

2. 消除制度性的障碍，构建一个多维度的推进机制

为了实现体教融合，我们迫切需要突破传统部门的思维模式，消除各种障碍，确保渠道畅通无阻，并集结各方力量，进行高层次的规划和区域的布局。

（1）各地要根据《意见》，结合自身具体情况，寻找合适的切入点，推动地方体育教育一体化规划的制定与执行。

（2）以跨界育人为核心，以“平台”“要素”和“政策”为驱动，以信息技术为支撑，构建“体教融合”的大数据平台，形成“体教融合”的新的价值、新的天地、新的路径和模式。

（3）在重构“体教”关系的过程中，打通“堵点”，实现“资源互补”，始终坚持“一体化设计，一体化推进”的原则，破除体制和制度上的壁垒，在“育人”和“育体”之间搭建高层次的衔接，并探索多元的推进机制，以适应学校体育高质量发展的新需要。

（4）事业与行业的角色转变更加顺畅，解决制约体教融合发展的各种体制障

① 李燕，骆秉全. 新时代体教融合的动力、困境和实施路径研究［J］. 体育科学，2022，42（2）：35-36.

碍，建立健全体育与教育部门共同领导的体教融合工作联席会议，开通体教融合的“绿色通道”，充分发挥其服务、引导、保障、监督、协调等作用，在全国范围内构建“一盘棋”的体教一体化工作格局。

3. 细化融合政策，构建融合发展人才体系

为了促进体育与教育的深度融合，我们需要大批具有综合素质的人才，这也意味着我们需要政策的鼓励，确保高质量的体育人才被纳入我们的发展团队。通过建立完善的人才培养机制和激励机制，吸引优秀人才加入体育领域中来。通过举办全国性的体教融合创意竞赛，我们旨在培育具有创新精神的团队，并为创业团队提供必要的支持。鼓励企业参与到体教融合工作中来。为了更有效地促进体教融合的高质量和可持续发展，我们需要吸引国内外高等教育机构和科研单位中在体育培训、科技研发和业态创新方面的优秀人才。

4. 变革评价体系，营造校园体育氛围

我们需要摒弃仅仅依赖升学率来评估学校教育质量的做法，要充分利用学校现有的体育资源和设施来推动学校体育的发展，从而塑造出学校独特的体育文化氛围；以比赛为中心，为体育与教育的融合发展打造知识产权；积极推广“体教融合”的先行示范和体育在教育中的价值，以增强社会的认同感。

5. 搭建平台，加强宣传，激发发展活力

在线下推广体教融合的同时，也通过媒体来详细解释体教融合的重要性，以便让更多的人了解它在青少年成长过程中的重要作用。运用多种传播渠道和方式，扩大体教融合在大众中的认知度。为了提高体教融合的知情率和支持率，我们需要从多个角度进行广泛的宣传活动。借助各种平台和渠道扩大体教融合的影响范围。通过新媒体手段，对各地在体教融合过程中获得的经验、成就以及代表性的人物事件进行广泛传播，从而成为社会普遍关注的焦点，并激发其发展活力。

（二）体教融合的调整①

1. 完善法治建设，确保政策主客体权责分明

体教融合是一个自上而下的跨多个部门的改革活动，在这个新的发展时期，国家应当遵循长期视角和整体管理的原则，并及时加强相关的法律体系建设。一是需要关注当前体教融合的政策范围，提高政策影响力，确保在政策执行过程中仍存在明确的法律依据和实践指导。二是需要扩大体教融合政策的目标受众。将

① 王德政，李斌. 深化体教融合发展的现实审视及应对策略［J］. 体育文化导刊，2023（2）：96–97.

其覆盖到更广泛的人群中去，促进不同年龄层次群体接受体教融合教育，体教融合的政策应该从青少年阶段开始，逐步扩展到人的各个成长阶段，如幼儿、青中年和老年，并在各年龄阶段添加相应的法律文件和依据，为人类的延续性培育提供完善的法律保证。三是在法治的支持下，构建一个“家、校、社”三位一体的创新模式。在教育领域，我们通过法律手段确保学生的教育权益得到维护。在社会层面上，通过法律手段确保受教育者的场所、设备和教育资源得到充分保障。在家庭教育方面，我们提倡加强家庭体育教育，提高父母对运动的认识，并创造良好的家庭运动气氛。

2. 坚持统筹规划，构建一体化赛事体系

体育竞赛是体教融合进程中的一个重要节点，它担负着推动青少年健康发展和培养竞技体育后备人才的双重责任，因此，体育竞赛要肩负起它所具备的双重使命，要进行统筹规划，构建起体教两部门合作的一体化赛事系统。

3. 明确目标导向，构建“双循环”人才培养机制

以学校体育为切入点，开展学校体育的普及与提升。以普及为主，以提高为目标，让学生掌握一到两种运动技术，在此基础上，进一步提高学生的运动技术水平。具体体现在：增加和提高学校体育和重大体育赛事的数量和质量，“以赛促学，以赛促练，以赛促检”，对各级竞赛报名和运动员等级评定进行积极的改革，与学校的体育教学与训练活动结合起来，加强与职业赛事的联动，促进学校体育的发展。

第五章　学校体育在南非

第一节　学校体育的产生与发展

一、学校体育的历史沿革

南非的学校体育发展历程是一部丰富多彩、充满挑战和变革的历史。从殖民时期到现代，该国的教育制度和体育项目经历了许多重大变化，这些变化反映了南非社会、政治和文化环境的演变。通过研究南非学校体育的发展历程，努力寻求在国际视野下学校体育发展的可行路径，从中汲取有意义的经验，为我国学校体育的改革与发展提供理论和实践依据。

（一）殖民时期（19 世纪中期）

南非的殖民历史最早可以追溯到 15 世纪末，当时葡萄牙探险家巴托洛梅乌·迪亚斯在 1488 年绕过好望角，打开了通往印度的海上航线。然而，最早真正定居并开始殖民南非的是荷兰人（也被称为布尔人）。1652 年，一名叫扬范里贝克的荷兰船长，载着第一批 153 名荷兰移民登陆非洲好望角，在这里建立第一个殖民地——开普敦。随着布尔人不断地对南非土著黑人的掠夺，南非的大部分土地都被荷兰人占为己有，由于黑人平时都在夜以继日地为布尔人卖命工作，他们的文化生活极其贫乏。民间的娱乐活动主要是玩纸牌、喝酒聊天，还没有出现文学、绘画和音乐等艺术活动，尤其在体育活动中，狩猎、跳舞和斗牛算是最热闹的体育方式，然而这些活动在当时还称不上是体育活动。

在19世纪中期，随着英国殖民者的到来，英国人将自己的教育制度和运动项目带入南非，其目的在于倡导黑人丢弃不文明的习俗文化，让南非人学习并逐渐适应西方文化，最终实现对殖民地的长久统治。而体育教化变成了最佳手段。为了实现这一教育目的，英国人在移居时将自己所喜爱的一些体育项目带到新的家园——南非，如板球、橄榄球和足球等，并且他们认为这些活动可以培养团队精神、纪律性以及公平竞争等优良品质，黑人被动地接受殖民者的体育运动，板球和橄榄球就成了南非早期学校主要的体育活动。

总结来说，在殖民时期，英国殖民者的到来带动了南非学校体育的产生和发展，但是南非学校体育更多地被用作维护白人优越性和欧式文化的传统工具，并未考虑到本地土著群众需求和参与权利。这种情况直至20世纪末才有所改观。尽管如此，殖民时代对南非学校体育影响深远并延续至今。

（二）种族隔离时期（1948—1994年）

1652年，自白人殖民者入侵南非占领这片土地，白人种族主义的因素就一直存在。直至1948年，种族隔离制度被以马兰为首的南非国民党列入竞选纲领，并首次用“Apartheid”一词来概括这种种族政策，马兰执政后，南非政府对南非的种族隔离制度进行更加严苛、完整和系统化的完善，全面施行了一系列压迫和剥夺黑人及其他非白人权益的措施。

这个影响也延续到教育领域，其中最能够代表种族主义的是《班图教育法》的颁布。在《班图教育法》颁布时期，南非教育的控制权集中到中央的土著人事务部，几乎所有的教会学校都被迫关闭。南非国民党政府在打击教会教育的同时，还建立了服务于种族隔离意识形态和社会结构的黑人公共学校教育体系。①

此外，这一时期由于不平等的政策和歧视性的法律，黑人和有色人种被剥夺了许多基本权利，包括接受教育和参与体育活动的权利。然而，在这个充满挑战和压抑的环境中，学校体育在南非社会中仍然发挥着重要作用。首先，在种族隔离制度下，由于资源分配极其不公平，黑人学校往往缺乏必要的设施和教练来进行规范化、系统化的体育训练。尽管如此，学生们仍然通过自我组织进行各类运动活动。虽然当时的南非黑人学校设备简陋、场地艰苦，但是却培养出了大量具有天赋和毅力的运动员。其次，学校体育成了反抗种族隔离制度、争取平等权利

① 刘竞阳. 浅论南非种族隔离时期的黑人教育［D］. 上海：上海师范大学，2022.

的一个重要舞台。尤其是足球比赛，在黑人社区内部以及白人社区之间都具有极高地位，并成为一种表达身份认同、团结对抗压迫者、争取更好未来的生活方式。最后，虽然当时政府并没有给予足够支持，但是国际机构如联合国教科文组织（UNESCO）等对南非学校体育发展提供了援助，并呼吁全球关注南非种族问题。

总结起来，在种族隔离时期，南非学校体育虽面临巨大困境并受到限制性因素影响，但还能持续存在并得到部分发展。它既反映出当时社会矛盾冲突激烈复杂情况下，民众对于自由公正理想的追求和坚韧不屈精神风貌，也预示着种族隔离制度后南非全民共享体育乐趣以及体育在国家身份认同建设中起到重要作用的可能性。

（三）后种族隔离时代（1994 年至今）

1994 年新南非成立，曼德拉成为南非历史上首位黑人总统，他废除种族隔离制度。这标志着南非开始进入后种族隔离时代。这一时期以来，新南非民主政府以推动社会公平为重要抓手，在诸多领域都取得了显著的进步，其中包括学校体育。

首先，人员的参与度大幅提高。在南非漫长的种族隔离时期，有些体育项目仅仅在白人之间传播。自后种族隔离时期以来，不论是有色人种、女性还是残疾人士，他们都可以广泛参与到体育运动中，这样做不仅增强了他们的身心健康，也提高了他们对团队合作和公平竞赛的认识。其次，政府开始加大对学校硬软件设施的投入，确保大部分孩子可以享受到比较好的体育教育资源。比如新建运动场地、购买新设备等举措使得各类运动项目可以在良好环境下开展。政府还开展教练员培训计划，旨在提升他们的专业技能并确保可以公平公正地对待所有运动员。再次，课程改革着眼于全面性和包容性。例如，在某些地区引入非洲传统运动项目，并尝试将它们融入标准课程中。这样既可以传承本土文化，又能激发学生对各类运动项目的兴趣。最后，南非积极参加国际比赛，并邀请其他国家来南非进行友谊赛或者交流活动。通过这些方式，南非成功地将自己融入全球体育社区中。

然而，在取得这些进步之余，我们也必须看到存在的问题。如今，南非学校体育仍面临一些挑战，包括经济条件限制、地理位置导致资源分配不均等问题。在未来，南非需要继续努力，以实现更加全面的学校体育发展。

二、学校体育的思想变迁

（一）种族隔离时期的学校体育思想

1. 种族主义思想

在20世纪中叶，南非实行了一个名为“种族隔离”的制度，这个制度最初起源于白人殖民者，他们认为白人作为上等种族，是上帝的选民；而黑人则属于劣等种族。正因为如此，白人生来就是要统治黑人的。这种解释在南非一直延续，影响了南非的教育领域包括学校体育。在种族隔离时期，“体育”并不仅仅是一项休闲活动或竞技游戏，而更多地被视为一种社会控制工具，通过向白人学生提供优质的运动设施和教练资源，强化他们对社会地位和权力结构的认同。相反在黑人社区中，体育被视为挑战现状、提升自我价值感和争取平等权利的方式。

2. 分裂主义思想

黑肤色被南非的白人统治者们认为是劣等种族的特性，这也就意味着白人认为黑人种族只配拥有低下的社会地位。而白人作为上帝的选民，是先进和高级的种族，生来就对落后民族负有责任和使命，也理应得到远远多于黑人的政治权利。所以，黑人应该和白人分割开来进行教育。

南非社会也由此被划分为“白人”和“黑人”两个群体，学校间也存在明显的差距。白人学校通常拥有良好的设施与训练资源，而大部分黑人学校因资金匮乏无法提供同样水平的运动训练。此外某些运动项目被视为“白人运动”，如板球和橄榄球，在体育比赛中，黑人或有色人种队伍只能与同样是黑人或有色人种队伍进行比赛，而不能与白人队伍进行比赛。即使他们表现出色，也无法获得公正地位或认可。

总结起来，在种族隔离时期，南非学校体育虽然在不同阶层之间存在明显的差距，但它反映出当时的社会现象与价值观，并为后期的学校体育改革奠定了基础。当南非在1994年结束种族隔离制度后，体育也开始被用作一种团结和治愈的工具，帮助南非从过去的创伤中恢复，并向着更加平等、公正和包容的未来前进。

（二）后种族隔离时期的学校体育思想——曼德拉体育思想

纳尔逊·曼德拉是20世纪传奇的自由斗士，世界著名的精神领袖和政治领袖。他认为，体育的力量无与伦比，它能激励人民、团结人民和打破种族藩篱。

“体育具有改变世界的力量”正是对曼德拉体育思想的凝练与概括，这种观念对南非学校体育甚至对全球学校体育思想都产生了广泛影响。纵观曼德拉的职业生涯，他一生都致力于解放处于暴政中的大多数非洲人，并把民主体制引入南非。为推翻南非白人种族主义统治，曼德拉进行了50年艰苦卓绝的斗争。首先他坚持消除种族纷争，争取与白人同等的政治权利和体育运动权利，强调打破种族隔离后遗留下来的社会不平等问题，提倡所有人都有机会参加运动活动。与此同时，为了促进体育的公平和公正，南非制定了专门法典：《南非体育与娱乐法》，在1994年结束种族隔离后，南非启动了一项名为“补偿行动”的政策，目的是纠正过去对某些群体（如黑人、女性和残疾人）长期进行系统性排斥或歧视所造成的不平等。这一措施要求无论在专业竞技体育比赛还是学校体育比赛中，参赛队伍都必须满足特殊种族比例的要求。在大多数学校中，这一理念被用来推广所有学生参与体育活动，并尽可能消除任何形式的歧视。

第二节　学校体育的结构、功能与目标

一、学校体育的结构

一切事物都可以看作系统。结构是指系统内部各个组成要素之间的相对稳定的联系方式、组织秩序及其时空关系的内在表现形式，其结构的存在形式可以划分为空间结构、时间结构和时空结构。功能是指系统与外部环境相互作用而表现出来的性质、能力以及有效性，是系统相对稳定的联系方式、组织形式以及时间和空间的外在表现形式。

按照接受教育的时间，学校体育系统的结构可以分为学前教育阶段体育、初等教育阶段体育、中等教育阶段体育和高等教育阶段体育；按接受教育的空间范围划分，学校体育系统的结构可以分为校内体育和校外体育；按构成要素划分，可以分为教师和学生、学校体育内容、学校体育目标、学校体育方法、学校体育途径、学校体育环境和学校体育评价。下面按照接受教育的时间，对南非学校体育系统的结构进行分析。

（一）学前教育阶段体育

1. 教育对象

南非学前教育阶段的教育对象是幼儿园和学前班的小学生，学生的年龄一般为3～5岁。他们在生理上和心理上都处于生长发展的初期发展阶段，各个器官系统的功能尚未成熟。这一时期儿童的模仿能力较强，很喜欢从他人的夸赞中获取认同感，可以做一些简单的动作。

2. 体育的主要内容

体育的主要内容包括：基本活动技能运动包括走、跑、跳、投掷、攀登、平衡、爬等简单的动作技能；在南非的学前教育阶段尚未有成熟的体育教学，更多的是通过游戏来锻炼儿童的技能，比如组织乐队，让儿童使用乐器培养节奏感；利用舞蹈和戏剧表演，让儿童锻炼旋转和平衡等动作。

游戏不仅是幼儿的基本活动形式和学习方法，还是幼儿获得发展的基本途径。因此，南非体育课堂教学在体育游戏和比赛法的基础上，辅以演示法、情境教学法等。这些教学方法具有较强的直观性、趣味性，能激发学生的学习兴趣和动机，符合这一阶段学生的情感发育特点。

3. 体育的重点

南非的幼儿园教育具有启蒙性，可以为幼儿下一阶段的学习打下坚实的基础。因此，这一阶段体育的重点是教授学生基本的运动动作，培养学生对体育活动的兴趣与爱好，为初等教育阶段的体育活动奠定基础。

（二）初等教育阶段体育

1. 教育对象

南非初等教育阶段的时间跨度是比较长的，此阶段教育对象是R年级（指的是正式入学的前一年）～9年级的学生，年龄一般为6～15岁，在南非属于义务教育阶段。可以分为小学和初中两个阶段，进一步划分为基础阶段、中级阶段和高级阶段三个阶段。从身心发展上而言，小学生和初中生的差别是比较大的。

2. 体育的主要内容

基础阶段（R～3年级）的体育内容以日常活动、室内外的自由游戏活动和音乐为主，培养学生的移动能力、对事物的感知、运动时的节奏感、支配身体各部位的协调、维持身体平衡、空间感这几项能力。学习者在进行游戏时也会开始接触和了解规则以及体育与健康方面的知识。

中级阶段的体育内容以田径、体操和游泳等传统体育项目和经过“改造”的竞技运动为主，如篮球和橄榄球等运动。通过参与体育运动，提升学生的旋转、跳跃和平衡等基本技能水平。

高级阶段体育的内容以学习各种运动技能的运动项目为主，相比之前的基础阶段和中级阶段按照学期完成体育锻炼，高级阶段具体规定了学生在每周的体育活动，在运动锻炼中加入目标游戏和户外探险活动。此外，学生也开始参与到比赛中如运动表演和团队比赛，在比赛中对自己和其他伙伴的运动表现进行反思。

3. 体育的重点

初等教育阶段的重点，一是发展学生的体育运动能力，在参与这一领域的过程中，学习者将会发展运动技能并参与各种体育活动，这将会继续培养学习者对于体育的兴趣和态度，并形成正确的体育价值观。此外通过参与健身计划，学生能够更好地理解锻炼身体的重要性。二是为下一个阶段的体育学习做准备，包括体育与健康知识、运动安全知识和游戏规则等基础知识。

（三）继续教育和培训阶段体育

1. 教育对象

南非在继续教育和培训阶段的教育对象是学校教育在10～12年级的学生、各种中等职业技术学校的学生以及辍学或者失业的青年，学生的年龄一般为16～18岁。

2. 体育的主要内容

为保证青年在身心健康发展的基础上学有专长，继续教育阶段的体育主要包括基础的体能训练（比如有氧运动）、传统的运动项目（比如板球和橄榄球）以及非正式活动（课余体育和社区比赛），特别强调培养学生在比赛中的领导和组织能力。

3. 体育的重点

南非的继续教育与培训阶段（简称FET）的教育处于国家教育体系的中间层次，连接普通教育和高等教育，它的设立一方面是为了培养学生进入社会中所需要的职业技能，另一方面提供学生继续进入高等教育体系深造的机会。因此这个阶段的体育教育重点不仅仅是关注学生运动技能水平的提升，还包括培养学习者作为国家自由公民参与社会所必需的知识、技能和价值观（比如通过体育活动培养学生的社交技巧）学习。此外FET阶段的学生在毕业时至少掌握1～2种可以用于日常体育锻炼的体育技能，为终身体育奠定基础。

（四）高等教育阶段体育

1. 教育对象

南非的高等教育包括大学、理工学院和大专院校，在管理体制上和英国相似，此阶段学生的年龄一般为19～30岁。

2. 体育的主要内容

南非高等教育阶段体育的形式种类繁多，内容以各种运动项目为主，就体育课而言，学生可以根据个人兴趣自由选择课程。此外，学生在课外可以选择参加各种体育组织，如体育协会、社团和俱乐部。

3. 体育的重点

体育的重点是培养大学生综合的体育文化素养。结合每个学生个体的体育兴趣和特长，参与各种体育实践活动，从体育基础知识、体育技能和体育行为等方面全面提升学生的综合素质，真正实现知、情、意、行的统一，为之后的社会生活做铺垫。

二、学校体育的功能

学校体育的功能是指在一定环境和条件下，对个人和社会发展发挥的影响。学校体育的本质属性是育人，作为国民体育的重要组成部分，它又具有体育属性，需要服务于体育的发展。因此，学校体育的功能是教育功能和体育功能在学校环境中相互结合的反映。

（一）教育功能

对于学校体育的教育功能，长期以来很多学者都是停留在它对学生道德思想和品质作用的探讨上。新时代的背景下，多元文化理论为我们重新认识学校体育的教育功能提供了一个全新的视角。南非学校体育的教育功能主要体现在促进学生智力发展、培养学生的道德品质和陶冶学生的审美情操三个方面。

1. 促进智力发展

南非的体育运动能促进学生大脑的发展、训练和开发左右大脑及改善大脑机能，使之平衡发展，为学生的智力活动奠定良好的身体基础。学生在进行体育活动时，会调动身体的多个感官部位（如眼睛、耳朵等）协同工作，感觉信号通过传入大脑皮层的各个中枢，可以刺激大脑，增加大脑的供氧量，从而促进大脑的新陈代谢，使学生思维敏捷，转移注意力。比如南非教师组织一年级学生一边唱歌或者吟诗，一边触摸身体的各个部位（如触摸膝盖、耳朵等）。

2. 道德品质教育

南非的学校体育是对学生进行德育教育的重要手段之一，对学生的人格完善和社会化过程起着重要作用。第一，通过学校的体育课堂教学，可以培养学生的道德感和规则意识。如团队意识、规则意识等；第二，学校体育可以营造和谐的德育环境，比如学校开展各种各样的体育活动，南非的教师根据实际的教学情况，引导学生参与运动项目，使学生可以在活动中将自己的道德信念内化为道德行为；第三，体育运动可以有效锻炼人的意志品质，如忍耐力、爆发力等。

3. 陶冶审美情操

南非的学校体育对于学生形体的塑造作用是非常直接的。通过组织一些日常的室内外游戏和体育运动项目，学生的外在形态会变得优雅和健美。尤其是在南非的R～3年级，教师就特别注重培养学生的节奏感。学生在进行基本运动动作学习，伴随着音乐或者数字节拍，让他们体验到运动带给身心的极大愉悦和自信。

（二）健身功能

学校体育的健身功能是学校体育最原始和最为独特的功能。南非学校体育的健身功能主要体现在促进学生的生长发育、增强学生的身心素质和提高学生的运动技能水平。首先青少年学生正处在生长发育的关键时期，科学的体育运动，对于人体各个器官系统以及身体机能的健康成长有着最直接的作用。即使面对外界环境变化，也可以增强学生的自适应能力。其次南非的学校、俱乐部以及社区会定期组织体育活动，包括长距离跑步、游泳、球类运动等项目，都能够锻炼到学生身体不同部位的肌肉群，并有助于提高学生的心肺功能、力量、耐力和灵活性。这些都会对学生日后保持良好身材和防止各类疾病产生积极影响。此外，通过对南非学校体育教学活动的实际调查与研究发现，勤于体育锻炼的学生往往保持良好的心情、积极乐观的态度且拥有强健的体魄，而疏于体育锻炼的学生则精神状态不佳，且体型偏胖或偏瘦者居多，身体协调能力较差。最后南非的学校体育课程包括各种运动项目如足球、橄榄球等，通过定期的体育课，学生们可以在专业教练的指导下掌握并提高特定运动项目的技能。很多南非的学校也有各类体育俱乐部，如足球俱乐部或者网球俱乐部，加入这些俱乐部后，学生可以得到额外的训练时间和更深入的指导，以提升自己在特定领域内的技能。

（三）文化传承功能

南非，一个拥有丰富多元文化和历史遗产的国家，其学校体育不仅仅是一种健身活动或者竞技运动，更是一种强大的文化传承工具。南非的学校体育在塑造社区认同感、教育年轻人、消除种族隔阂以及推动国际交流等方面发挥着不可估量的作用。它既是一种生活方式，也是一种精神象征，更是南非独特文化遗产持续发展和传播的重要载体。

1. 塑造认同感

体育在塑造社区认同感方面发挥了重要作用。各类体育活动成为社区成员集结、交流和建立共享价值观的平台。例如，在南非的许多乡村社区中，周末的足球比赛是最重要的公共活动之一，它能拉近人们之间的距离，并提供了一个表达自我和彼此理解价值观念的场所。

2. 教育年轻人

在教育领域中，南非的体育被视为关键部分以帮助年轻人发展个人素质并增强团队精神。这些技能不仅对他们在竞技场上取得成功至关重要，也对他们未来生活中应对挑战极为有益。此外，通过参与各种各样的运动项目，学生可以更好地理解并欣赏南非的多元化文化。

3. 消除种族隔阂

南非学校体育也起到了消除种族隔阂、促进包容性社会建设等功能。在过去曾经由于种族隔离政策而分裂的国家中，通过共同参与体育比赛或者训练营等方式来消除彼此间的误解及偏见。

4. 推动国际交流

在全球层面上，南非学校体育还扮演着将本土文化推向世界舞台的角色。无论是在奥运会还是世界杯比赛上展示出来的优秀运动员及其背后所代表的独特而又充满力量的传统文化，都在全球范围内赢得了广泛的赞誉和尊重。

三、学校体育的目标

学校体育的目标是指在一定时期内，学校体育实践所应达到的预期结果，为学校各项工作指明了方向。南非对学校体育的认识从最初的“边缘化和忽视”转变到现在的“全面接受并深入实践”，基于这一思想转变，当前南非学校体育总目标被确定为通过体育教学和合理的运动实践，促进学生的全面发展、培养学生的生活技能、提高学生的健康意识。

（一）促进学生的全面发展

南非视体育为促进学生全面发展的重要工具。这不仅包括提升他们的身心健康，还涉及社交技能和团队合作精神等各个方面。首先，通过参与各种运动活动，可以提高学生的身体素质、增强免疫系统，同时也有助于减轻压力和提高情绪状态。其次，通过团队运动项目，可以帮助学生建立良好的人际关系，培养他们的沟通技巧、解决冲突的能力等。此外，南非利用团队项目（如足球或篮球）来培养孩子们合作共事和公平竞争观念。这些项目帮助他们理解每个人在集体成功中都扮演着重要角色，并需要尊重规则且接纳结果。最后，通过参与各种形式的运动活动，学生们可以在玩耍和比赛中提升自我认识、增强自信心，并从失败中汲取经验与教训。

（二）培养学生的生活技能

在南非，学校体育被认为是一种帮助学生发展必要生活技能的教育工具，它可以为学生在未来积极参与南非社会经济发展做准备。因此，南非的学校体育在培养学生的生活技能方面设定了一些具体目标，分别是培养学生的领导力、提高创新思维和问题解决能力以及时间管理能力。首先，许多南非的学校体育运动项目设计了特别角色如队长或副手，以便训练领导力。而通过组织和参加各种比赛和活动，学生可以提升其决策制定、计划执行等关键领导技能。其次，通过参与户外探险、入侵类游戏和棋类等一些复杂性的运动活动，学生可以锻炼解决问题的能力和提升创新思维。最后，南非的学校体育活动需要学生合理地安排时间以满足训练、比赛和功课等各项需求，提高学生管理时间、设置优先级以及有效计划的技能。

（三）培养学生健康的体育锻炼习惯

在推广体育锻炼的同时，南非学校体育的目标是培养学生的健康意识和体育锻炼习惯。从鼓励定期参与体育活动，到提供多样化的运动选择，再到教授正确的锻炼方法和培养长期体育锻炼的计划意识，这些都反映了南非对其年轻一代全面发展的坚定承诺。

首先，南非学校组织定期的体育活动的首要目标之一是鼓励学生根据学校课时要求和自己的兴趣参与各种的体育活动和运动项目。无论是有组织的团队运动

（如足球、篮球和板球）还是个人项目（如田径、游泳），都能帮助他们保持身心健康。其次，为满足不同年龄段和能力水平的学生需求，南非学校提供多种不同类型的运动项目，包括团队运动、个人运动、健身活动、冒险与户外活动以及传统文化体育运动等多种项目，以确保每个人都有机会参与并找到适合自己水平和喜好的活动。此外，南非的学校体育还致力于教授学生如何正确安全地进行各类运动及其规则，以防止因错误操作而产生伤害。最后，南非的学校也为学生制定长期的体育健身计划，并鼓励学生坚持下去，为终身体育做准备。

（四）推动民族团结，传播多元文化

南非是拥有丰富文化和种族多样性的国家，一直致力于通过学校体育来推动民族团结和传播多元运动文化。在这方面，南非设定了一系列具备前瞻性且实质性意义的目标。

首先，南非学校体育旨在通过各类运动活动推广平等与公正。无论是足球、篮球还是田径、游泳等运动项目，都鼓励所有种族、性别和能力水平的学生参与。这不仅可以提高他们的身心健康水平，也有助于消除社会中存在的任何形式的歧视，并促进不同背景下的学生建立友谊。其次，在培养学生尊重和理解不同文化价值观方面也设定了明确目标。例如，在教授卡波耶拉或其他武术形式时，不仅仅教授技巧，更重要的是引导学生理解这些运动背后所代表的特殊历史与文化含义。最后，为了拓宽学生的全球视野、提升学生们的跨文化交流能力，南非学校体育也将许多国际性运动项目纳入课程中。这样做可使学生更好地理解世界其他地区人们如何进行身心锻炼。

第三节　体育教学

一、体育教学目标

教学目标被界定为“师生预期达到的学习结果和标准”，在此基础上，体育教学目标可以界定为，在体育教学过程中，体育教师和学生通过体育教学实践活动预期达到的学习结果和标准。南非根据小学、中学和大学三个学龄阶段制定不同的体育教学目标。

（一）小学体育教学目标

南非的小学分为基础阶段（R～3 年级）和中级阶段（3～6 年级）两个学段。

1. 基础阶段的体育教学目标

南非学校在基础阶段的体育教学目标是：教师和学校共同营造一个安全和关爱的环境，安排一些日常活动、结构化活动以及自由游戏，重点培养学生的感知力、节奏感、平衡力和协调性。一方面使学生学会和掌握一些基础且关键的运动技能，如跑、跳、抛、滚、转、平衡和移动等，这些技能不仅对日常生活有用，也为今后学生参与更复杂和专业化的体育活动打下基础；另一方面将游戏化元素融入日常的体育教学中，培养学生积极参与体育运动的态度，激发其对体育运动的热爱。

2. 中级阶段的体育教学目标

南非学校在中级阶段的体育教学目标是：学习者开始提升他们的运动技能，并开始解除更复杂且需要高协调性和策略性的运动项目；在运动活动中，教师也会开始引入比赛元素，学生将会了解到胜利并不是唯一重要之事，更重要的是如何公平竞争、尊重对手、理解规则、遵守规则以及享受比赛过程。除了继续强调身心健康，此阶段还会涉及有关身体健康、营养保健以及预防受伤等方面的知识。

（二）中学体育教学目标

南非中学分为高级阶段（6～9 年级）和基础教育培训阶段（10～12 年级）。

1. 高级阶段的体育教学目标

南非学校在高级阶段的体育教学目标是：鼓励学生多参与实际的比赛和大众体育活动，并进一步发展他们的团队合作、领导力以及健康生活方式，为终身体育做准备。在此阶段，孩子们将专注于提升他们所选择运动项目中的特定技能，这可能包括更复杂、更具挑战性的训练和比赛；随着对各种运动项目的理解加深，学生需要了解并掌握如何制定、执行成功比赛策略。同时，也需要理解如何作为一个团队进行有效协作，通过参与高水平竞争和团队活动，学生有机会进一步提升其领导力，包括决策能力、自我管理以及影响其他人等方面；这一阶段强调健康饮食习惯对于身体表现和整体健康状况的重要性。

2. 继续教育培训阶段的体育教学目标

南非学校体育在继续教育培训阶段的目标是全面的，旨在提升学生的身心健康、社交技巧、文化包容性以及形成积极向上的人生态度。这些目标都围绕着一个核心理念：通过体育教育帮助年轻人发展全面而平衡的个人素质，从而使他们能够更好地适应且成功地应对未来挑战。

首先，提高身心健康水平是南非学校体育的主要目标之一。通过参与各种运动项目和活动，如足球、板球、橄榄球等，可以帮助学生保持良好的身材，还可以帮助他们养成良好的生活习惯，并降低患上心脏病、糖尿病等的风险。其次，社交技巧也是南非学校体育教学目标中极为重要的一部分。团队运动如足球或篮球可以鼓励同伴间互相合作，并培养责任感。此外，推广文化包容性和多元化理念。考虑到南非具有多元文化背景，通过组织各种源于不同文化背景下的传统运动项目（如土著游戏）以及国际流行运动项目（如奥林匹克竞赛），使所有孩子都能够接触到一个广泛而包容的世界。最后借由这些课程引导年轻人形成积极向上和公正竞争精神。这些价值观在学生的成长过程中起到了积极的推动作用，为他们未来在社会生活中充当积极角色铺平道路。

（三）高等教育阶段的体育教学目标

在南非的大学阶段，体育教学是一个多元化且全面的过程，旨在提升学生的运动技能、增进学生对体育科学知识的理解以及未来职业的规划。

首先运动技能发展是一个核心目标，不同于中小学阶段主要强调基础运动技能训练，大学阶段则为他们提供机会深入研究某一项或几项特定项目，并引导他们尝试新项目以拓宽视野。为学生提供机会进一步发展他们在高中阶段已经掌握的运动技能，并引导他们尝试新的运动项目。此外在南非，有很多大学、学院和大专院校都会提供一些相关课程，如人体科学、营养、心理训练等，以帮助运动员改善表现，引导对体育科学感兴趣的学生深入了解和研究这个领域。最后对于那些有志投身体育产业或专业运动员道路的人来说，大学阶段可能还会涉及如何进行职业规划、怎样更好地将自己所习得的知识应用到实践中去。

二、体育教学设计

体育教学设计是根据体育学科的特点，从体育教学系统的整体出发，综合考虑教学各方面的因素，详细分析体育教学可能出现的问题，有针对性地设计出解决这些问题的教学行动方案，并在体育教学实施过程中评价行动方案的可靠性，同时做出修正，直到体育教学活动取得最优教学效果为止。针对体育教学而进行的教学行动方案的系列设计过程就是体育教学设计。南非的教学计划分为学年计划、学期计划和课时计划这三类。因此体育教学设计主要涉及学年计划设计、学期计划设计和课时计划设计三部分内容。

（一）学年计划设计

南非的学年计划设计是一个大纲或者框架，是对全年体育教学进行安排的基本计划，规定了整个学年内将会进行哪些体育活动或项目，它通常包括设定目标、选择运动项目以及健康与身心发展规划等方面。

1. 设定目标

南非学校会在每个新的教育年度开始之初，确定全面而明确的运动技能和健康知识目标，这些目标通常结合国家或地方教育部门提供的指导原则由教师团队在评估量上一年度结果后设定，应注意目标是明确且可衡量的。

2. 选择运动项目

整个教育年度将包含各种运动项目，包括团队运动（如足球、篮球）、个人运动（如田径）以及本地特色活动（如板球）。这些项目会有一个南非的专门团队来选择和决定。在选择运动项目时，应考虑到学生对运动项目选择的多样性以及地方特色活动的需求。

3. 身心发展规划

南非的身心发展规划指的是学校全年都特别注重健康教育，如饮食营养知识、运动伤害预防等，并致力于通过各种活动培养学生团队合作精神和领导才能。在进行身心发展规划设计的时候应注意：健康教育以及身心发展活动必须贯穿整个教育年度，针对不同年龄段和性别的学生要有所区分。

（二）学期计划设计

南非的学期体育教学计划也称为教学进度，是在每个学期开始时制定的详细行动方案。它包括教练指导规划、竞赛与锦标赛两方面内容，并且会根据上一次比赛或锦标赛中观察到的优点和不足来制定新一轮训练内容。

1. 教练指导规划

南非学校体育的教练指导规划指的是每个学期都会有专业的体育教师或者训练员来指导学生进行训练，并提供持续性反馈以帮助他们改善技巧并提高水平。在每个新学期开始前，教师或者训练员会根据上一次比赛或锦标赛中观察到的优点和不足来制定新一轮训练内容，督促学生发扬优点、改掉缺点，以改善训练技巧和提升自己的运动技能水平。

2. 竞赛与锦标赛安排

南非的学校体育竞赛与锦标赛安排指的是在每个学期结束时，通常会组织一次或多次锦标赛，用于检验并展示学生在该学期内所获得的技能进步。整个竞赛日程需要提前规划好，并且要考虑到所有参与者（包括家长）的时间安排。在组织比赛或锦标赛时，必须确保所有活动都符合安全规定，并且公平公正地进行。

（三）课时计划设计

南非的学校体育课时计划设计主要关注每节体育课程内部具体如何分配时间以及如何组织活动。针对各个年级的学生设定适合其发展阶段和能力水平的项目，包括时间安排和年级差异化规划两方面内容。

1. 时间安排

南非的学校体育要求每周至少两次体育活动时间，每次持续45分钟到1小时。这些时间将被用于热身、技术训练、实践比赛以及冷却等环节。在南非学校体育教育系统的不同阶段，课时安排存在些许差异。比如在基础教育阶段，体育教育内容的课时安排是每周两小时，一学期课时安排是二十小时，而在中级阶段体育教育内容的课时安排是每学期三十小时。时间安排的设计一方面注意每节体育课程内部具体如何分配时间以及如何组织活动，另一方面每次体育活动时间必须充足，还需留出足够时间让学生休息和恢复。

2. 年级差异化规划

南非的学校针对各个年级的孩子设定适合其发展阶段和能力水平的项目。小班级更注重基础技能训练和游戏，大班级则更强调竞技性和团队合作。在针对各个年级设定项目时，必须考虑到其身心发展阶段以及能力水平等因素，同时也要确保所有人都可以参与到适合自己水平和兴趣爱好的运动中去。

三、体育教学过程与原则

（一）体育教学过程

一般来说，体育教学过程可以被定义为一个系统化和连续的过程，它是指在体育教学中为达成一定的体育教学目标，体育教师利用各种体育活动和游戏，发展学生的身心健康、作战技术、运动技能，培养学生优良的运动道德品质和良好的性格。一般认为组成体育教学过程的基本因素有教师、学生、体育、体育教材

（教学内容）和传播媒介（教学的物质条件以及完成教学的手段和方法）。

（二）体育教学原则

体育教学原则是体育教学实践经验的科学总结和概括，是体育教学客观规律的反映，是体育教学工作必须遵循的基本要求和准则。正确地理解和贯彻体育教学原则，有助于体育教师有效地把握客观规律，对于优化教学、提高教学效果、有效达成教学目标具有重要的指导意义。南非的教育体系遵循以下一些基本教学原则。

1. 平等包容原则

南非是一个多元文化交融的国家。在南非，平等是所有教学领域中核心的原则之一。无论种族、性别或经济地位如何，每个人都应有机会参与各类运动活动。这意味着提供足够的资源和机会以满足所有人群需求。包容意味着接纳并欢迎所有能力层次的运动员参与其中。无论他们是否有特殊需要或来自边缘化群体，都应有权获得高质量且适合其需求的运动教育。

2. 体验运动乐趣原则

体育是一项与学生身体素质条件密切相关的身体活动，学生只有通过不断地参与体育活动和运动项目，享受到运动带来的乐趣。因此在体育教学中，教师把“体育学习”和“体验乐趣”相结合。比如在基础阶段，教师通过鼓励学生参与南非的一些土著游戏“扔豆袋”，提高学生的身体协调性。学生们在游戏的同时会不自觉地移动身体，学习基本的身体动作。[①]

四、体育教学方法

体育教学方法是指在体育教学过程中，体育教师和学生为了实现体育教学目标而采取的相互作用的有效活动方式的总称。

（一）南非体育教学方法的分类

在南非的学校体育课程中，教师采用多种创新的教学方法来增强学生的身体素质，提升他们的运动技能，并培养他们团队合作和领导力等重要能力。其中，直接指导、游戏化教学和技术分析是最常见且有效的三种方法，它们各自独立而又相互补充，共同促进了南非青少年的全面发展。

① 胡沛永. 体育教学原则体系的重构和优化［J］. 教学与管理，2010（24）：102-103.

1. 直接指导

直接指导在南非的学校体育中是一种比较传统的体育教学方式。它以教师为中心，强调对技术动作标准化、系统化的讲解和示范。这个过程通常包括教师明确地演示一个特定动作或技能，并让所有学生模仿。例如，在足球训练中，教师会展示如何正确地踢球、控制方向和力量，并解释每个步骤背后的理念。这种方法尤其适用于初次接触某项运动或需要精确执行特定技巧的情况。

因为其结构清晰、内容明确，使得学生可以迅速把握关键点并进行模仿练习。然而，直接指导在某些情况下非常有效，被广泛应用于各类体育课堂上，但它并不适合所有场景。当涉及更复杂的团队协作或战略性问题时，则需要结合其他更灵活、创新性较强的教学方法。

2. 游戏化教学法

在南非的学校体育课程中，游戏化教学方法已经变得越来越流行。这种方法将运动活动转变为游戏形式，在轻松愉快的氛围中提高了学生们对课程的参与度，并帮助他们更好地理解和掌握运动规则和策略。游戏化教学是一种将传统运动训练转变为具有竞争性、合作性和乐趣性的游戏过程。例如，在足球训练中，教师可能会设置一个小组比赛，并添加一些特殊规则或挑战以增加比赛乐趣。

游戏化教学能够激发学生对体育活动的兴趣和热情。当学生在玩耍中进行锻炼时，他们不再感到压力或无聊，反而会积极投入并享受其中。其次，游戏环境可以使学生更好地理解并应用复杂的策略和技巧。例如，在篮球比赛中，学生需要考虑如何传球、射门以及防守等多个方面。此外，游戏化教学也能够培养团队协作精神。在大多数情况下，学生需要与队友合作才能成功完成任务或者赢得比赛，这样不仅可以提升他们之间的相互信任与配合水平，也可以锻炼其处理冲突、沟通交流等重要社交技巧。

3. 技术分析法

在南非的学校体育课程中，技术分析法已经成为一种不可或缺的教学方法。这种方法利用现代科技工具，如视频录制和回放设备等，帮助教师和学生更深入地理解并改进运动表现。技术分析是一种通过观察、记录、反馈和修改运动员在比赛或训练中的表现来提高其运动水平的过程。这个过程通常涉及使用视频录制设备捕捉运动员在实际比赛或训练中的行为，并对其进行详细评估。

在南非的学校体育课堂上，技术分析被广泛应用于各种运动项目中。例如，在足球训练课上，教师可能会录制整个比赛过程，然后与队员一起回放观看。他们会集中关注某些关键环节，如传球、射门或防守等，并就此给出具体反馈以指导学生改正错误并优化策略。此外，技术分析还能够鼓励学生自主学习。学生可以通过观看自己比赛或训练时的视频回放来发现自己的潜在问题，并思考如何改善其未来表现。这样做不仅能够加深他们对所从事运动规则和策略的理解度，同时也有助于培养其独立思考问题和解决问题的能力。

五、体育教学评价

在南非，体育作为生活技能领域下的重要组成部分，体育教学评价的标准会受到生活技能领域目标和原则的影响。以下是南非在学生发展的不同时期所采用的体育教学评价。

（一）体育教学评价的目的

基础阶段：生活技能为学生提供了一个探索世界并开始理解世界的机会。在基础阶段评估生活技能的目的是评估概念、技能和价值观的发展，这有助于他们在中间阶段进行更正式的评估。在所有四个生活技能学习领域中，评估的目的是支持和鼓励学生，并评估学生的整体发展。

中级阶段：鼓励学生每周都要参加体育课程，这些课程安排在固定的时间进行，所有体育课程都将侧重于实际的体育活动和大众参与的运动活动。通过体育活动，让学生体验体育的价值，建立自信心。

高级阶段：培养学生的身体健康及运动和安全知识。它鼓励学生使用这些来进行与积极和健康的生活方式有关的广泛活动，培养学生的信心和通用技能，特别是合作、沟通、创造力、批判性思维和审美能力。

加上在体育中培养积极的价值观和态度，为学生的终身学习奠定良好的基础。

（二）体育教学评价的分类

在南非，学校体育活动占据了重要位置。对于这些活动的有效管理和实施，需要进行全面的诊断性评价、过程性评价以及终结性评价。以下将详述这三种类型的评估方法。

1. 诊断性评价

诊断性评价是对学生能力和技能水平的初始测量。在南非学校体育中，这通常涉及基本运动技能（如跑步、跳跃、投掷等）及其相关知识（比如游戏规则）的测试。此外，通过观察和测试可以确定学生是否具有参与特定运动或游戏所需的身体素质或者条件。通常在学期初或新运动项目开始时进行，用以了解学生们的基本技能水平和身体素质。其中技能测试是指教师让学生参与的基本运动技能测试，如跑步、跳远、投掷等；身体素质测量是指通过BMI指数、力量测试或耐力测试来衡量学生的身体条件。

2. 形成性评价

南非的过程性或形成性评价关注教学过程中发生的变化，提供持续反馈以改善教导效果并促进个人成长。在南非，教师或教练可能会记录每个孩子参与活动时表现出来的技巧改善情况，他们也会注意团队合作精神等社交技巧。此外，学生自我反思也是此类形式化反馈程序的一部分。这种类型的评估关注整个教学过程中发生的变化和进步。其中观察记录是指教师对学生在活动中表现出来的技巧改善情况进行观察并做记录。反馈机制是指向学生提供反馈，并鼓励其自我反思。这也包括与家长沟通交流，让他们了解孩子在课堂上表现出来的进步。

3. 终结性评价

南非的终结性评价主要集中在教学结束时对结果进行衡量，这包括对学生运动技巧掌握度、知识理解度以及态度变化等方面进行全面考核。终结性评价包括成绩考核和自我报告两方面。其中，成绩考核是指在项目结束后，教师可能会举行一场比赛或者完成一个项目，以此检验学生是否已经理解并熟悉某项运动规则，并掌握所需技巧；自我报告是指学生可能被要求填写问卷或撰写报告，描述他们从活动中获得了什么样的经验和收获。

第四节　体育课程

一、体育课程概述

起初在南非教学系统中，体育课程被简单地称为“运动”或“游戏”，突出其娱乐性质。这种命名方式并未充分表达出体育对于个人发展以及团队合作技能培养等方面的重要性。随着时间的推移，人们开始意识到运动不仅仅是一种休闲活动，它还有助于提高学生的身心健康，培养其团队协作精神以及竞争意识。因此，“运动”或“游戏”被重新定义为 “体育”，这一改变更好地反映了该科目在教学计划中的实际位置。在20世纪90年代末至21世纪初期，随着南非社会对平等和多元文化的深入理解，新一轮改革将“生命技能”并入该科目。此时，“生命技能（或者生活导向）”成为新名字，强调通过参加各种类型的项目来确保所有人都能找到适合自己并且喜欢做的事情。近年来，“物理教育与运动研究”已经成为最新版本，它包括更广泛范畴内的知识点——从基本身体素质训练、团队协作精神培养、竞技规则学习到深入掌握运动科学知识等。这个新名称也再次证明了南非如何看待现代化全球环境下多样性问题以及如何准备应对未来挑战。

二、体育课程类型

体育课的类型是指依据不同的标准所划分的体育课的种类。南非的体育课程主要依据教育目标和学生发展的需求，被划分为学科性体育课程和实践性体育课程。

（一）学科性体育课程

南非的学科性体育课程以一种独特且全面的方式结合了运动科学理论和实践技能，旨在为学生提供一个全面而均衡的发展环境。一方面强调对运动相关知识和理念的深入理解，包括但不限于生物力学、运动营养学、伤害防护与康复、运动心理等方面。例如，在一个关于足球的学科性体育课中，老师可能会详细讨论如何通过合适饮食和有效训练来提升球员表现。此外，他们还可能探究如何通过心理技巧管理比赛压力等问题。另一方面在南非教育系统下，学科性体育也注重将实际操作部分纳入其中。这意味着，在掌握了足够多关于某项运动项目知识之后，学生需要将其付诸行动。例如，在了解到游泳需要正确呼吸法则之后，学生就要进入水池尝试自己去完成。

（二）实践性体育课程

南非教育系统中，实践性体育课程占据了核心地位。实践性体育课程涉及各种运动项目，包括团队运动（如足球、篮球和板球）和个人运动（如田径、游泳和网球）。每门课都有专门设计的活动，以培养学生在具体环境下解决问题的能力。一方面在团队运动中，学生必须共同努力以达成共同目标。他们需要互相协调、制定策略并适应不断变化的比赛环境。这样做可以培养其良好的沟通技巧、领导才能以及为集体利益牺牲个人利益的意愿；另一方面，在个人运动中，比如田径、游泳和网球等侧重个人运动表现的体育运动，学生被鼓励去超越自我、提高自信，这些特质对于他们未来的成功至关重要。

三、体育课程编制

（一）体育课程编制的定义

在南非，学校体育课程编制被定义为一种系统性、有计划且连续的教学活动安排。它旨在通过各种运动项目帮助学生发展身心健康、提高社会交往能力，并培养其积极向上的生活态度。

（二）体育课程编制的内容

体育课程编制是为了完成体育课程计划的整个过程，是一个系统化和综合性的过程，涉及体育课程目标的设立、体育课程内容的选择以及体育教学的评价。

1. 体育课程目标的设立

确立体育课程目标是至关重要的一步。首先，南非强调体育课程应该以身心健康为基础。设立目标时首要考虑的是运动不仅要能够提高学生的身体健康水平，还要能够帮助学生建立自信心以及面对挑战时如何决策。清晰明确的目标有助于后续课程内容设计和教学计划制定。其次，南非致力于通过运动教育来提高学生的社会技能和道德素质。他们认为参与集体运动可以帮助学生理解、尊重规则，学会承担责任。因此，在设定目标时也会包含这些方面。最后，南非学校在制定具体目标时也会关注学生是否有足够机会去探索和实践，他们鼓励每个孩子都有机会尝试各种运动项目，并找到自己真正喜爱并擅长的领域。

2. 体育课程内容的选择

南非学校在进行体育课教学内容选择时，特别强调多元化和包容性。首先，南非体育课程包含多种运动项目，这些运动项目既有传统的足球、板球等热门运动，也有游泳、篮球、田径等其他类型的运动。这样做是为了满足不同年龄段和兴趣爱好的学生群体对于运动项目的需求。其次，在具体活动设计上，南非强调"以人为本"。每一项活动都围绕着维护学生身心健康、增强团队合作能力以及培养积极向上的态度而设计。最后，在安全知识方面也给予了高度关注。无论进行哪一项活动都需要确保所有参与者安全，在规则介绍以及器材使用等方面都有详尽说明。

3. 体育课程的评价

在南非学校对于体育课程的评价不仅关注学生的运动技能和健康状况，还包括教师表现和课程建设。

1）学生课程学习评价

一般来说，对于学生的评价主要集中在其技能发展、团队合作精神和健康水平上。此外，自我反思也是一个重要部分，鼓励他们理解自己在运动中所取得的进步以及需要改善之处。这样可以帮助他们更好地了解自己，在未来有针对性地提高。

2）对体育教师评价

教师是推动整个教学过程中的关键角色之一，对其进行有效评估至关重要。首先，教师应具备专业知识且有能力传授给学生正确的运动方式；其次，教师需要展示出良好沟通技巧并激励鼓舞所有类型及水平的参与者；最后，教师必须确保活动安全进行，并尊重每一个学生。

3）对体育课程建设评价

对于体育课程建设而言，应当考虑到多元化需求，并结合当前社区环境设计实施。比如说，是否充分利用了周边资源？是否满足了不同年龄段、性别等多元化需求？是否与时俱进引入新项目或者科技辅助手段？这些都是衡量一个成功项目的构建标准。

四、体育课程资源的开发与利用

南非作为一个热爱运动且具有多元文化背景的国家，对于体育课程资源的理解和应用值得我们深入探讨。首先，我们需要明确什么是“体育课程资源”，体育课程资源是指有利于实现体育课程实施的各种内外因素和条件的总和。依据体育课程的性质，体育课程资源包括如体育硬件设施、体育教学人力资源、体育教学技术辅助。下面我们将探讨南非学校是如何开发和利用这些资源的。

（一）体育硬件设施的开发与利用

体育硬件设施类主要是指物质性的基础设施和器材，如运动场地（足球场、篮球场等）、器材（篮球、足球等）以及健身房内部的各种健身器械等。对于这类资产，管理工作主要涉及日常维护保养、定期检查更新以及合理分配使用时间等。在开发这类资源时，应考虑其满足学生的多元化需求并符合安全规范。例如，在青少年培训方面，南非政府投资建立了众多小型综合性运动场所，这些地方不仅可以进行职业水平比赛，还可以作为学校及社区日常活动使用。此外，南非政府十分重视体育设施对残障学生的适用性，许多新建或者改造过后的体育设备都配备了无障碍通道及专门观众席区。

（二）体育教学人力资源的开发与利用

体育教学人力资源包括教师队伍和专业教练员。他们通过自身专业知识引导学生正确运动，并能够根据学生个别差异调整训练方法。对于此类型资源的开发重点在于定期培训和提升。在开发方面，南非正在大力推进体育教师培训计划。这类计划旨在确保教师具备必要技能和知识来有效地进行体育指导。此外他们也被鼓励参加持续专业发展（CPD）活动以保持其对最新趋势和技术的了解。在利用现有的教师资源上，南非正在建立强大数据库去记录并跟踪所有从事相关工作人员，使管理部门可以更好地了解现状并据此做出合理决策。

（三）体育教学技术的开发与利用

随着科技进步，南非开始使用软件应用程序、穿戴设备和一些虚拟现实技术辅助体育教学。首先，软件应用程序在南非体育教学中是比较流行、明显有效的工具之一。例如，有些应用可以提供定制化运动方案、健康饮食建议以及详细运动数据分析等功能。除了软件应用程序，穿戴设备也成为促进南非体育教学发展的重要工具。按照个人身高、年龄、性别和健康状况定制化的穿戴设备能够帮助用户更准确地监测自己的身体状态，并据此调整锻炼计划。在硬件方面，虚拟现实（VR）和增强现实（AR）技术正被广泛应用于南非乡村地区和城市中心校区，以便他们可以进行远程交互式课程，这种方式使得专业级别指导成为可能。

五、体育课程改革的发展趋势

南非结束种族隔离后，开始对教育系统进行全面改革。其中包括体育教育领域，在1994—2000年期间开始注重体育运动的公平性和包容性，并试图消除过去不平等的遗留问题。

进入21世纪以来，南非对其体育课程进行了进一步改革，先后发表“2005课程改革”“国家课程政策修改声明”以及新版《国家体育课程》，这些方案和声明呈现出体育课程目标全面化、体育课程内容多元化以及课程教学突出育人功能。

（一）体育课程目标全面化

过去，南非的体育教学目标主要集中在提高运动技能和竞技水平上。然而，在新一轮改革中，我们看到了明显的转向。当前，南非更加强调学生的全面性和包容性发展，旨在通过运动活动提升学生的身心健康、社交能力以及团队精神。

具体来说，新版《国家体育课程》强调了以下几点：①提升身心健康；②培养良好社交技巧；③提高团队合作意识；④塑造公平竞赛观念，这些目标的转变与发展表明了南非对教育价值观念的深刻理解以及对未来社会需求的前瞻性考虑。

（二）体育课程内容多元化

传统运动项目仍然是新版《国家体育课程》的重要组成部分。足球、橄榄球等项目不仅能够提升学生的基本运动技能，也有助于塑造其团队合作精神和公平竞赛观念。新版《国家体育课程》并未止步于此。它开始倡导更多元化和包容性强的项目，并将它们纳入正式课程中。例如，舞蹈以及瑜伽被认为不仅可以帮助学生维护身心健康，还可以增强他们对自我认知和情绪管理方面的理解。户外冒险活动则鼓励学生走出舒适区，挑战自我。新版《国家体育课程》还强调，所有学生无论之前是否参与过某项运动或者所处地理位置如何，都有机会接触并参与各种活动。

（三）课程教学突出育人功能

以往的南非体育课程仅围绕技能理论知识和实践展开教学，随着现代社会对人才的素质要求越来越高，新一轮的南非体育课程改革强调学生可以通过学校教育学会做人和生活，具备现代社会所要求的基本生存能力。体育课程顺应这一时代潮流，要求学校和教师通过体育活动传递正面价值观，如公平竞争、团队合作、尊重他人等。这些价值观的培养不仅有助于提高学生的运动技能，而且有助于形成良好的社会道德风尚。

第五节　体育教师

一、体育教师工作概述

南非的体育教师按照工作属性可以分为全职教师、专职教师和兼职教师，体育教师的类型和职责根据学生所处的学段会有所不同。

1. 小学阶段

在初级学校（小学）阶段，体育教师通常是兼职或跨科目老师任职。他们需要确保所有年龄段的孩子都能参与到各种运动中来，以促进其身心发展。在此阶段，重点更多地放在引导学生探索和享受运动上，而不仅仅是竞技性或高强度训练。

2. 中学阶段

在中级学校（初中）阶段的体育教师可能会有专门负责某一项或几项运动项目的专职教师，也可能有兼任其他科目但同时负责指导体育活动的老师。他们需要引导青少年参与更复杂、需要团队合作和战略思考的运动项目，并着重培养这些技能。在高级中学（高中），体育教学通常由专职体育教师负责，因为这个阶段往往要求更加深入和全面地理解及实践各种运动技巧，部分学生还可能开始考虑将自己擅长的运动项目深化甚至走向专业化。

3. 大学阶段

在大专院校/大学，通常会有一支经验丰富、具备特定领域知识背景如足球、篮球等特定项目训练经验以及相关证书持有者的教师团，他们负责、指导并培养那些已经选择将某项运动作为其主修方向的体育生，此外体育教师还会引导学生寻找自己感兴趣的领域，如健康管理、康复治疗等领域。

二、体育教师职业的性质与特点

南非的体育教师不只是在各级学校中对学生进行体育教育的教育工作者，还要承担生活技能领域的其他教学。体育教师的教学工作不仅包括运动技能的传授，还承担大量的运动竞赛、群体活动等工作。

体育教师的教学目标中不仅包括知识和技能的传授，还要进行思想道德教育，比如认知、情感和社会行为等多领域目标。例如，南非基础教育部门发布的国家课程政策声明中提到生活技能教师在小学三年级每周要教授两小时体育课、两个小时的创造艺术课以及三小时的基础知识和社会发展知识。各校在本课程体系的基础上，仍需组织和开展小型多样的社区比赛和校际比赛等丰富多彩的体育活动。

三、体育教师的职业素养

在 2018 年，应对时代的发展变化，南非基础教育部门颁布了《教师专业发展总体规划》，对教师的职业行为提出了基本规范，也对体育教师的职业素养和行为规范提出了新的要求。体育教师要成为一名高素质的专业化教师，必须具备专业知识与技能、良好的沟通能力、

（一）扎实的专业知识与技能

首先扎实的专业知识是南非体育教师必备的素质之一。他们需要熟悉运动科学基础知识、健康知识以及安全与急救知识。首先，体育老师应该具备扎实的运动科学知识基础，包括人体生理、生物力学、营养科学等。这将有助于他们更好地理解并指导各项运动。其次，无论是足球、篮球还是田径，每项运动都有其特定规则和技巧。一个优秀的体育老师需要熟练掌握多种运动技能，并能够根据学生的不同水平进行适当调整。最后，由于任何形式的身体活动都可能伴随着意外伤害风险，一个合格的体育老师必须了解预防伤害，并在发生意外时第一时间进行处理。

（二）良好的沟通能力

在人际交往方面，南非体育教师也需具备良好沟通能力和人际关系处理技巧。作为一个多元文化国家，南非拥有多种语言和文化背景的学生群体，在与学生互动过程中需要展现出包容性并尊重每个人的独特性。首先，作为教师，清晰、准确地传达信息至关重要。无论是解释运动规则、指导技术要领还是提供反馈意见，都需要用易于理解且无歧义的语言来表达。其次，身体语言、面部表情和眼神交流等非语言行为在沟通中起着重要作用。特别在体育课堂上，这些行为可以强化口头信息，提高学生对指导和反馈信息接收效果。

（三）良好的道德品行和心理素质

在南非，体育教师不仅是运动技能和知识的传授者，也是学生道德品质和心理健康的塑造者。首先，作为教师，应当对所有学生保持公正无私，无论在评估表现、分配资源或处理纠纷时都应秉持公平原则。其次，体育教师应该尊重每个学生与同事，理解并接受其不同背景、观点及能力。体育教师应该对自己所承担的角色有深刻认识并全力以赴地完成任务。此外在教育工作中难免会遇到挫折与压力，在处理冲突或压力时，教师应该保持冷静和专业的态度，以便有效地传递信息和解决问题。

四、体育教师的专业发展

（一）体育教师专业发展的内涵

体育教师专业发展的内涵是指体育教师作为社会专业人员，具体包括个人成长、专业思想的建立与形成和专业知识的更新以及技能的提升。个人成长是最直接也是核心部分。每位老师在长期的职业生涯中都应该有自我提升和成长的空间，并通过各种方式实现自身价值。体育教师专业思想的建立与形成是随着教学工作的开展不断走向成熟的。作为一名优秀的体育老师，应当在各阶段的发展过程中不断反思和感悟关于学校体育的本质、目的和体育生活等思想，具备崇高理想和责任感，并将之融入日常工作中去。随着科技进步和社会变迁，“永远年轻、永远热泪盛行”的新知识不断涌现出来。如何跟上时代步伐并把握住新知识成为每位老师必须面对且解决好的问题。除了理论知识，实践技巧也同样重要。如何更有效地传递信息给学生？如何设计合理有效且趣味性强大的运动项目？这都需要持续地进行技能提升才能达到。

（二）体育教师专业发展的途径

1. 教师培训

作为基础也是最重要的环节，各类教师培训课程和在职培训成为提升体育教学理论素养和知识水平的主要手段。首先在线课程是现代技术为我们提供的一种便捷高效的进修手段。无数优质在线平台如 Coursera 等提供了大量关于运动科学、心理健康、营养管理等方面内容丰富且深入浅出的课程。利用这些资源进行自我提升已经成为越来越多南非体育老师的选择。其次针对已经在岗位上工作的体育教师，很多学校和地区教委会定期组织在职培训活动。这类活动通常包括专题研讨会和短期集中培训，内容可能涉及新兴运动项目介绍、最新运动伤害防护知识更新等。

2. 学术交流与进修学习

首先，参加国内外研讨会和会议是一种常见且有效的学术交流方式。这不仅可以让南非体育教师了解最新的运动科技、课程设计理念以及运动伤害预防等领域知识，还可以促使他们与来自世界各地的同行建立联系，扩大视野并获取新思路。此外，实地考察也是一种极具价值的互动式学习方式。通过参与学术交流活动，使体育教师获取行业内最新研究成果和发展趋势，及时更新自己的知识结构，并与同行进行有益互动。进修学习是另一个重要途径。无论是选择在职攻读硕士或博士学位，还是参加其他类型进修课程都可以使教师拓宽视野并丰富经验。

3. 教师自我反思与调整

体育教师以自己在职业中的行为以及由此产生的结果作为思考对象，定期进行自我审视，分析个人优点、缺点以及需要改善之处，并根据结果调整个人策略和方法。教师自我反思与调整的方法包括课堂观察、学生反馈、日志记录和专业阅读。课堂观察是指体育老师可以通过录像或者请同事观察自己上课，然后回看或者听取他人对自己上课方式、互动模式和授课效果等方面的意见。学生反馈是指定期收集学生关于课程内容、教学方法和环境等方面的反馈，这样可以了解哪些地方做得好，哪些地方需要改进。日志记录是指保持写日志或者日记的习惯也是一个很好的自我反思工具。每天或每周写一点关于你所教授课程、活动以及互动情况等内容，并在此基础上进行深入思考。专业阅读是指阅读相关研究报告、文章或书籍也能提供新视角来审视个人工作，并从中获取改善策略。

第六节 学校课余体育

一、学校课余体育的概念

课余体育是学校体育的重要组成部分，与体育课共同构成了学校体育的整体，与体育课相互配合，共同实现学校体育的目标。课余体育是指学生在课余时间，运用各种身体练习和多种方法，以发展身体、增进健康、提高运动技术水平和丰富业余文化生活为目的而进行的多种形式内容的体育教育活动。

二、学校课余体育的地位

在南非，课余体育活动在学校教育中占有重要地位。这些活动被认为是学生全面发展的关键部分，不仅可以提高他们的身体健康和适应能力，还可以帮助他们建立团队合作精神、培养领导才能、增强自信心和社交技巧。南非政府已经认识到体育对于个人和社区发展的重要性，并将其纳入国家教育计划。一些学校甚至设有特别的体育部门或者专门负责组织和管理各种课余体育活动的机构。然而，尽管课余体育在南非被广泛推崇并得到鼓励，但由于资源限制、基础设施短缺以及其他社会经济因素等问题，在一些农村地区或贫困地区实施有效的课余体育项目仍然面临挑战。

在南非尽管存在一些挑战，但是课余体育依然被看作促进学生身心健康、社会技能发展以及生活技能培养等多方面能力提升的关键工具。

三、学校课余体育的功能

（一）促进学生的身心健康

课余体育活动对于学生的身心健康具有显著效果。通过参与各种运动项目，如足球、篮球和田径等，有利于学生保持良好的身体素质、提高身体的基本活动能力和对环境的适应性。同时，运动也能够帮助他们释放学习上的压力、提高情绪状态，并促进更好的睡眠质量。

（二）培养社会公民所需要的基本能力

体育的内在政治价值在南非是显而易见的，因此生活技能和生活导向领域的体育目标之一是培养学生具备自由公民的一些基本能力，而学校课余体育作为学校体育的一部分，发挥的功能受到体育目标的影响。首先在团队运动中，学生可以培养出团队合作精神和领导才能。他们需要共同努力以达成目标，并从中了解到集体利益大于个人利益这一重要道理。其次在比赛过程中承担领导角色还可以帮助他们建立自信心并锻炼决策能力。此外，课余体育活动也是一个重要的社交平台。参与这些活动可以让学生结交新朋友，并通过互相协作和竞争来增强他们的沟通技巧。

（三）培养学生的体育锻炼习惯，促进终身体育意识的形成

在南非各个年级的课程计划中，不论是日常教学活动的安排，还是课后教师对学生学习成果的评估，都包含对学生制定锻炼计划的考察。在丰富多彩的课余体育活动中，学生可以根据自己的兴趣爱好，选择自己喜欢的体育项目，并制作定期的体育健身计划，提高学生参与体育运动的兴趣和机会，让学生能够乐在其中，从而自觉形成良好的体育锻炼习惯，为终身体育的形成奠定良好基础。

总之，在南非，无论是政府还是教育机构都已经意识到将课余体育纳入教育系统所带来的多元化益处。尽管存在一些挑战，但正在努力推动解决这些问题，以确保所有学生都能从课余体育活动中受益。

四、学校课余体育的形式

（一）学校体育俱乐部

许多学校都有自己的体育俱乐部，这些俱乐部涵盖了各种运动项目，如足球、板球、网球、橄榄球等。在这里，孩子们可以在专业教练指导下进行训练，并参加定期举行的比赛来提升技能和竞争力。学校俱乐部为所有热爱运动并希望提升技能的学生提供了更多机会。

（二）社区运动会

社区运动会是另一种普遍存在的组织形式，它们通常由当地社区、教育机构或者非政府组织开展。社区运动会的内容包括从传统体育项目到本土特色活动等各种形式。例如，足球、篮球、田径和板球等项目是必不可少的。此外，为了让更多人参与其中，也有一些适合各年龄段和身体条件人士参加的轻松比赛项目，如亲子接力赛、老人步行比赛等。大部分社区运动会采取固定时间周期举行，比如每年或者每季度举行一次。在形式上，以嘉年华气氛为主导，注重参与感和娱乐性。除了正规比赛，还有音乐表演、美食节目以及互动游戏等元素融入其中，

使得整个运动场变成一个大型户外嘉年华现场。

（三）专业青少年联盟

在一些大型或者设施齐全的学校中，还会有针对某些特定运动项目为青少年设立的联盟或者小组，如足球联盟或篮球小组等，这类结构旨在发掘并培养未来之星，并提供更高水平的竞争机会，更具系统性与竞争性。学生在这些组织中不仅可以得到更专业化的训练，还有机会参与到区域甚至全国级别的比赛中。

（四）野外探险与户外教育

南非拥有丰富多样化的自然环境，在现代教育理念中，“快乐”被认为是儿童成长过程中非常重要的一个环节，因此“玩”的元素也被引入课余体育活动中去，比如野外探险游戏和户外教育，都很好地融合了运动和娱乐的活动形式。还有一些专门为弱势群体设计（如针对残障人士或低收入家庭儿童等）的特殊项目。

五、学校课余体育锻炼、训练与竞赛

（一）学校课余体育锻炼、训练与竞赛的含义

1. 课余体育锻炼

课外体育锻炼是指全体学生在课余时间参加的各种身体练习，这种形式的活动通常是自由形式和随意性质的，旨在提供给所有年龄段和技能水平的学生参与和享受运动的机会，而不仅仅是竞技性或团队运动。这些活动通常包括各种不同类型的运动，如跑步、游泳、健身等。其主要目标是提升学生的身心健康、丰富其课余文化生活以及培养其持久进行体育锻炼的习惯。

2. 学校课余体育训练

课余体育训练是指在课余时间里，学校对部分有一定运动天赋和运动特长的学生，结合自己的意愿，通过参加体育俱乐部等形式进行较为系统的训练，为培养竞技体育后备人才专门组织的一种课余体育活动。这种形式更侧重于特定运动项目或技能的提高，并涉及更系统化和专业化的训练。例如，如果一个学生想进一步发展他在足球上的技能，则可能会参加足球训练班，在那里他将接受专门教

练指导并进行针对性的训练。

3. 学校课余体育竞赛

课余体育竞赛通常涉及在各个级别（如校内、地区甚至全国）组织比赛，并需要较高水平和强度更大一些地进行特定运动项目或技能方面的训练。比赛可以激发学生积极参与并努力达到最佳表现，也可以培养其团队合作精神以及应对压力和挑战等方面的软实力。

（二）学校课余体育锻炼、训练与竞赛的组织形式

南非学校的课余体育活动丰富多样，可以细分为课余体育锻炼、课余体育训练和课余体育竞赛三大类别。每一类别都有其特定的组织形式。

1. 课余体育锻炼

课余体育锻炼主要以非正式和休闲的方式进行。这些活动通常由学校或社区中心组织，例如，可能会有开放场地供孩子们自由玩耍、跑步或踢球等，也可能会有指导性活动如基础瑜伽课程、舞蹈班等。这些活动旨在让学生在轻松愉快的氛围中增强身体素质。

2. 课余体育训练

课余体育训练则更加结构化和专业化。它们通常由资格认证的教练指导，并着重提高特定运动技能或团队合作能力。例如，在足球训练中，学生将按年龄和技能水平划分为不同小组进行集训；在游泳训练中，则可能设立初级、中级和高级三个阶段以逐步提升学生游泳技术。

3. 课余体育竞赛

这是最具挑战性也最正式的部分。竞赛可以是校内比赛，其他学校之间的友谊赛，或者大规模如区域甚至全国性比赛。学生将代表他们所在学校参加各种运动项目比赛，如篮球联盟比赛、田径运动会等。这些竞争环境不仅帮助孩子实践并展示他们所掌握的技术，也培养了他们面对压力并解决问题的能力。

总结来说，这三种类型虽然都属于课外活动范畴，并且都关注通过运动来促进学生的身心健康发展，但有着明显区别：从普遍性和开放性角度看，课余体育锻炼具有最广泛覆盖性；从专项技术和深度上看，课余体育训练更为突出；而从竞争程度以及挑战性角度看，课余体育竞赛则最为显著。

第七节　学校体育管理

一、学校体育管理概述

（一）学校体育管理的含义

学校体育管理是学校管理的重要组成部分，也是管理学的范畴之一。学校体育管理是指学校管理者根据国家在教育、体育和学校体育方面的法律法规、部门规章等规范性文件，运用现代管理学的理论和方法，充分利用校内外的各类资源和条件，有效实现学校体育工作目标的组织活动。

（二）学校体育管理体系

南非的学校体育管理体系可以大致划分为最高管理机构、中间管理机构和下层管理机构三个部分。

1. 最高管理机构

最高管理机构通常指的是国家级别的政府部门。在南非，学校体育的最高管理机构由国家教育部和体育与文化部门共同组成，这两个部门共同制定全国性的教育和体育政策，并对整个国家范围内的学校体育活动进行监督。

首先，在角色定位上，这两个部门是全国性政策设定者以及监督者。它们负责为所有公立和私立学校提供指导方针，并确保学校能够遵循并执行这些政策。其次，在职责上，它们需要对所有的运动项目进行审查和批准，包括但不限于运动项目类型、比赛规则、安全措施等内容。此外，它们还需确保所有参与者都能得到公平对待，并有足够机会参加运动活动。在具体工作中，最高管理机构会结合社会发展趋势以及青少年身心健康需要来制定相应政策。例如，“每人都能参与”的理念就是鼓励所有年龄段、性别、种族背景下的儿童和青少年进行锻炼。

2. 中间管理机构

在南非学校体育领域，所谓的“中间管理机构”主要指省级和地区级别的教育局。首先，这些教育局负责将国家级别制定下来的教育和运动政策落实到各个学校，并进行必要调整以满足特定地域或群体需求。它们也会协调和监督各个学校在其管辖范围内的运动活动，确保各个学校都有足够资源开展运动活动，并且所有孩子都有平等参与运动活动的权利。其次，为了更好地推进并发展本地区内的学校体育事业，南非的很多省或地区教育局会积极寻求与社区资源合作。比如以引入社会资金、设施支持等方式来为当地孩子提供更多更好的运动活动。

3. 下层管理机构

下层管理机构主要指学校内部具有一定决策权力和执行能力的人员，如学校领导、运动协调员以及直接参与到课程设计和实施中去的教师等。他们各自扮演着不同但都十分重要的角色。例如，学校领导需要对整个学校运行情况有全面了解，并能做出符合政策指导且适应本地环境需求的决策；运动协调员则负责组织和实施各种运动项目；而教师则需要将相关知识和技能传授给学生，并引导学生积极参与到活动中来。

这些成员在日常体育教学工作中具有至关重要的作用。首先，在政策执行方面，他们需要将国家级别和省/地区级别制定出来的政策落实到每一个具体操作中去；其次，在技能传授方面，他们需要确保每一个学生都有公平获得锻炼身心、提高技艺的多元化发展机会；最后，在活动组织方面，要保证所有活动安全顺利进行。

二、学校体育管理政策法规

南非的第一个体育政策是1996年颁布的《体育和娱乐白皮书》，它为该国的体育和娱乐活动提供了政策指导方针，并明确表示，体育和娱乐活动政策提供的总体责任属于新成立的国家政府体育和娱乐部门。虽然省级体育和娱乐部门有义务使各自的省级体育和娱乐白皮书与国家政策保持一致，但国家体育和娱乐部门对各省和地方当局没有任何政治和法律管辖权，无法执行其国家白皮书中规定的战略和优先事项。南非种族隔离后的第一部宪法规定了国家、省和地方政府的权力和职责分离。比如《体育教育和运动发展战略》制定了详细且实际可行的计划来推广并提升学校的体育教育水平，并强调了对特殊需求群体（如残疾人士）进行适当支持与照顾。

三、学校体育管理的内容

学校体育管理的内容是实施学校体育管理的对象和具体实践。根据不同的范围和认识角度可以划分为不同的内容，本书主要结合南非学校体育管理实践，就学校体育微观管理进行阐述，通常包括体育活动与竞赛管理、体育运动设施管理以及安全管理。

（一）体育活动与竞赛管理

体育活动与竞赛管理是指按照预定计划顺利进行。除了日常教学，南非的学校还会定期组织各种比赛和活动，通常是由教育部门和学习社区对其进行管理。首先在政府层面，南非设立了专门负责监督所有中小学级别体育活动及制定相关政策法规等工作的部门。通常他们会负责组织各个学校的运动比赛。此外，南非学校每年都会举办数次全国性或者地区性的大型中小学生运动会。这些比赛建立在公平公正原则下，并由专业裁判进行裁决。而在具体执行日常工作上，往往是由各个区域内或具有相应资质的私人机构来完成。

（二）体育运动设施管理

提供适当且安全的设备和设施是有效开展体育教学所必需的。南非学校对体育运动设施的管理通常包括定期检查设备、日常维护和人员培训。对于任何一个体育项目来说，器材及相关配套都需要定期进行检查、维修与更新。南非的学校会制定一系列规章制度，即每个人在使用器材或其他相关资源时应该遵守的行为规范。人员培训包括教师培训和学生指导，其中教师培训是指南非的学校通常会对教师进行专门培训，使他们了解如何正确地使用各类器材并且能够指导学生做出正确操作。学生教导是指在课堂上或课后活动中，教师也会对学生们进行相应指导，使他们了解如何正确安全地利用这些资源。

（三）安全管理

任何形式的物理活动都存在风险，管理者必须确保所有预防措施已到位，并且有应急计划处理任何可能发生的事故或伤害。在南非，安全管理主要包括安全标准的设定、伤害预防、应急响应机制的建立。首先，体育活动的场地和设备必须符合南非国家和国际上规定的安全标准。提供适当强度且科学合理的训练计划以降低运动伤害风险。其次，南非学校会提供适当强度且科学合理的训练计划，以降低运动伤害风险。此外，应急响应机制的建立可以确保在发生意外时，现场情况迅速得到处理，比如在现场配备医疗人员或者紧急呼叫系统等。

第八节　学校体育行动计划

一、学校体育行动计划的溯源与发展

自古以来，体育在所有文化中都具有重要地位，对于个人和社区的身心健康具有积极影响。在南非，这种理念被纳入教育系统，并通过“校体育行动计划”得到进一步推广。学校体育行动计划的起源可以追溯到 1994 年南非结束种族隔离制度后的几年。当时，新政府意识到教育和运动在社会整合中的关键作用，并开始寻找方法将两者结合起来。结果就是创建了学校体育行动计划。该计划旨在提供一个平台，让所有南非学生都能参与并享受运动带来的好处。它强调了运动对于青少年身心发展、团队精神、领导力、自尊心以及生活技能等方面培养的重要性。然而，在实施初期，这个项目面临一些挑战。由于资源分配不均等和其他社会经济因素影响，使得该项目在贫困地区无法有效实施。然而，政府并没有因此停止努力，而是持续改善并扩大此项工作。如今，“学校体育行动计划”已经成为南非教育系统不可或缺的一部分，其价值得到广泛认可。它不仅增强青少年身心健康、增进社区凝聚力，还通过促进平等机会和包容性思维方式，在更广泛层面上推进着国家整合。

二、学校体育行动计划的价值与动因

南非一直努力通过教育和体育来促进社会更具包容性。其中，学校体育行动计划在这个过程中起着至关重要的作用。

（一）学校体育行动计划的动因

在全球范围内，体育一直被视为一种强大的工具，可以促进社区发展和个人成长。在南非，这种理念已经深入人心，并通过学校体育行动计划得到了实践。那么是什么推动了这个计划的实施呢？

1. 健康问题

首先，南非政府认识到教育与身心健康之间的密切相关性。他们明白如果想要改善教育质量并提高毕业率，就需要投资身心发展项目。其次，南非面临着严重的公共卫生问题，包括肥胖症和糖尿病等慢性疾病。政府认识到增加青少年参与体育活动是解决这些问题的有效方法之一。

2. 教育改革

教育部门正在寻求新方法来提高学生的学习成绩和未来就业能力。他们认为积极参与体育活动不仅可以提高学生的身心健康水平，还有助于培养团队合作精神、领导才能以及解决问题的能力。此外，在历史上曾经饱受种族隔离制度影响的南非，通过鼓励所有学生参与共同运动项目，增进各族群间的理解和尊重。

3. 国际形象塑造

近年来，通过体育活动，南非成功地在国际舞台上塑造了积极、健康和包容的形象。而南非政府看到了这种通过推广运动来提升国家形象并促进旅游业发展的机会。例如，在 2010 年，南非成功举办了第 19 届世界杯足球赛，这是首次将该项赛事带入非洲大陆。此次活动展示了南非出色的组织能力以及对多元的包容和尊重，同时也提升了其在全球范围内的知名度和影响力。

（二）学校体育行动计划的价值

1. 推进国家整合

南非是一个多元文化、种族和语言交织的国家，为了推动国家整合及社会和谐，南非政府实施了“学校体育行动计划”。首先，学校体育行动计划为所有背景下的学生提供公平参与各类运动项目的机会。这不仅有助于打破社会阶层和种族隔阂，也让每一个学生都能从运动中收获快乐、提升自身能力。其次，通过组织各类比赛活动，学生有机会接触到来自不同背景下的同伴。在相互竞技过程中，他们可以理解并尊重彼此之间的差异性，这样有利于促进文化交流、减少误解或偏见。此外，在参与学校体育行动计划过程中，青少年将逐渐建立起对南非共享价值观念和公民身份的认同感，这对于构建统一而又包容性强的国家至关重要。

2. 加强社区凝聚力

首先，该计划旨在鼓励所有学生通过共同参与比赛、争取目标等方式建立起深厚友谊，增强社区内部之间的联系和凝聚力，同时也为家长和其他成员提供交流和互助的机会。其次，学校体育行动计划也有助于普及公众健康意识。它向学生生和家长传达了运动对于身心健康重要性的信息，并激发他们积极参与运动以保持良好生活方式。此外，在多元文化背景下，该计划帮助学生理解并尊重不同文化和种族。这样可以促进更广泛层面上的理解和接受度，在社区范围内推广包容性价值观念。

3. 促进青少年身心健康

南非学校体育行动计划是一项旨在推广全民参与运动的重要政策，这项计划特别关注青少年人群。首先，该计划通过鼓励青少年参与各类体育活动，帮助他们建立规律的运动习惯。这有助于改善学生的身心健康、增强身体素质以及提高免疫力，并有效缓解压力。其次，参与体育活动也能培养孩子积极向上的生活态度。在比赛中无论胜利或失败，学生都需要以正确态度对待，并从经验中汲取教训并适应挑战。此外，通过参加各种体育项目，学生可以更好地了解自己，提高自我形象认知。例如，在承受竞技压力时保持冷静。

三、学校体育行动计划的实施与调整

南非学校体育行动计划是一个具有远见和影响力的项目，它致力于通过提供平等的运动机会来改善学生的生活质量。任何大规模的社会项目都需要经过精心设计和持续调整才能达到预期效果。下面我们将探讨这个计划在实施过程中如何进行调整以应对挑战。

（一）实施初期

在计划最初阶段，南非的实施对象区域主要关注城市地区，并以足球、板球和橄榄球等主流运动作为主要内容。这些运动项目易于组织且受欢迎，因此被视为能够快速吸引学生参与进来的有效工具。然而，在最开始执行时也面临了一些挑战。如设备短缺，教师对相关运动知识和技巧掌握不足，家长对孩子参加额外课程持保留态度等。针对上述问题，计划执行者采取了积极应对措施。如通过公私合作方式筹集资金购买设备，加强教师培训，并积极向家长宣传该计划带来的益处，以获得他们更大的支持。

（二）实施现状

虽然该计划取得了一定成效，但在实施过程中也面临一些挑战。首先资源分配不均问题使得部分乡村地区无法充分享受到该项目带来的好处；其次便是学生和家长的参与度问题，尤其在某些社区家长对于孩子参与体育活动持消极态度。为了激发家长和学生对体育活动的兴趣和热情，学校体育行动计划开始引入各种各样新颖、有趣且具有挑战性的运动项目。比如说组织父母—孩子友谊赛、定期召开家长会议以及邀请家长成为志愿者等。

（三）未来规划

南非的学校体育行动计划仍有许多可以改进和扩展的地方。首先，该计划将继续扩大其影响范围，特别是将更多乡村地区纳入其中。为此，南非政府将加大投入以提供必要设备，并加强对当地教师进行专业培训。除了现有运动项目，还打算引入更多元化的运动类型。其次，考虑到家长和教师在孩子身心发展中起着至关重要的作用，该计划将进一步促进家长与教师之间的合作。例如，定期举行家长会议，听取他们对于此项计划实施情况的反馈；也会开设专门课程或研讨会为他们提供相关知识和技巧。最后，该计划将会尝试公私合作模式，以筹集更多社会资源。这不仅可以获取资金支持，还可以借鉴企业管理经验，用于项目执行过程中。